PASTA PARTY

50 KÖSTLICHE REZEPTE AUS ITALIEN

VON FRANCESCO BERARDINELLI UND ROBERTO BASSI

FOTOS VON THOMAS DUVAL

VERLAGSHAUS JACOBY ⌂ STUART

Dieses Kochbuch ist der Pasta gewidmet, dem italienischen Gericht, das man in aller Welt liebt und schätzt. Der internationale Siegeszug der Pasta ist ohne Zweifel ihren geschmacklichen und ernährungsphysiologischen Qualitäten zu verdanken, aber auch ihrer Vielseitigkeit und der Tatsache, dass sie die ideale Grundlage für alle möglichen Gerichte ist. Essen bedeutet nicht nur, sich gesund zu ernähren, sondern auch, »sich etwas Gutes tun«. Kochen hat etwas Kommunikatives, Kreatives, Spielerisches, vor allem aber ist es eine Kunst, und dies zeigt uns dieses Buch, das weit mehr ist als eine bloße Rezeptsammlung. Barilla hat es zusammen mit Les Éditions Culinaires in Paris entwickelt, dem Verlag von Alain Ducasse. Mit Hilfe des deutschen Verlags, Jacoby & Stuart, wurde es aktualisiert und den Besonderheiten der deutschsprachigen Länder angepasst.

Barilla produziert seit mehr als 130 Jahren Teigwaren und exportiert sie in die ganze Welt. Das Unternehmen hat es sich zur Aufgabe gemacht, nur beste, gesunde und ausgewogene Produkte auf den Markt zu bringen und dabei gleichzeitig zur Verbreitung der wirklichen italienischen »Pasta-Kultur« beizutragen. Deshalb möchten wir jedem die Möglichkeit geben, sich anhand authentischer traditioneller Gerichte aus Italien selbst ein Bild davon zu machen, wie vielseitig und einfach Spaghetti, Penne, Farfalle … zuzubereiten sind.

Dieses Buch mit Barilla-Rezepten entstand aus dem Wunsch heraus, die Leidenschaft für die Pasta-Küche, die unsere Familie seit vier Generationen antreibt, mit den Lesern zu teilen.

Ob klassisch oder kreativ – die hier vorgestellten Rezepte, die wir dem kulinarischen Talent und der Erfahrung der Teams von Barilla und der Alain-Ducasse-Gruppe verdanken, sind wie wundervolle Melodien, wie sie nur die Pasta hervorbringen kann.

— Guido Barilla

KURZE GESCHICHTE DER PASTA

Der Legende nach war es der Asienreisende Marco Polo, der die Nudel Ende des 13. Jahrhunderts aus China, wo er sie entdeckt hatte, nach Italien brachte. Ein etruskisches Basrelief aus dem 3. Jahrhundert belegt jedoch, dass man Pasta in Italien bereits lange vor dieser Zeit herstellte und zubereitete. Mit dem Aufstieg des Römischen Reichs eroberte die Pasta auch Westeuropa.

Der Brauch, die Pasta zu trocknen, um sie zu konservieren, wurde wahrscheinlich zwischen dem 9. und 10. Jahrhundert von den Arabern in Sizilien eingeführt. Zwischen 1200 und 1400 wurde die Pasta mehrfach in der italienischen Literatur erwähnt, unter anderem in Boccaccios *Decamerone*. Ab dem 17. Jahrhundert schließlich war Pasta in Italien als Nahrungsmittel aller sozialen Schichten verbreitet; als Hauptstätten der Pastaproduktion hatten sich Palermo, Neapel und Ligurien herausgebildet. Im 19. Jahrhundert begann die industrielle Pastafertigung, und Neapel eroberte sich den Titel »Hauptstadt der Maccheroni«. Zur gleichen Zeit entstand hier der Brauch, die an den Kiosken verkaufte Pasta mit Tomatensauce und Basilikum zu servieren.

Italienische Emigranten verbreiteten schließlich die Pasta nicht nur in Europa, sondern auch in Amerika und der restlichen Welt.

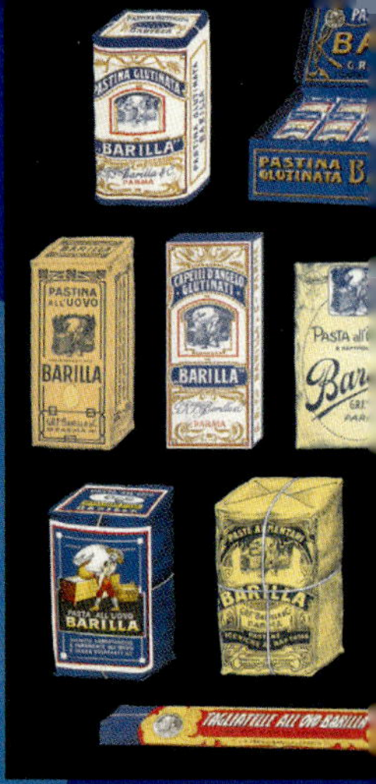

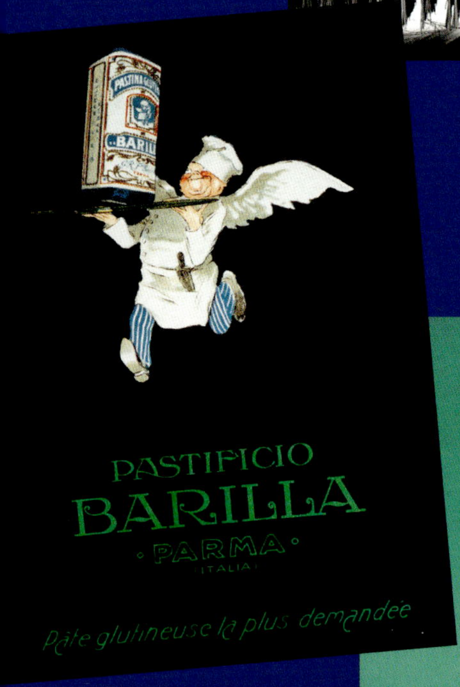
PASTIFICIO
BARILLA
·PARMA·
ITALIA
Pâte glutineuse la plus demandée

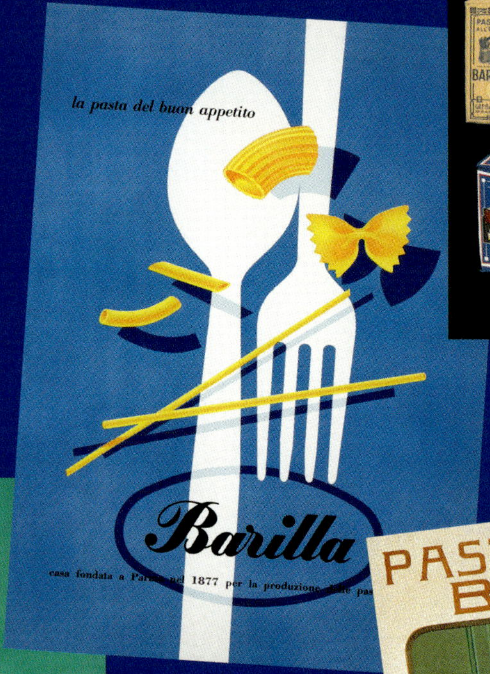
la pasta del buon appetito
Barilla

Barilla
In alto dal 1877

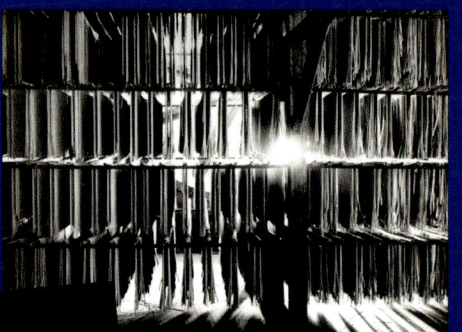

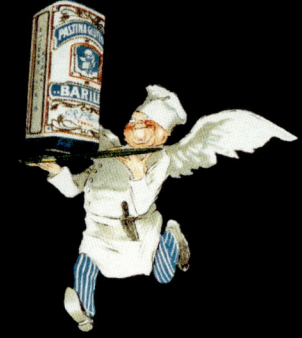

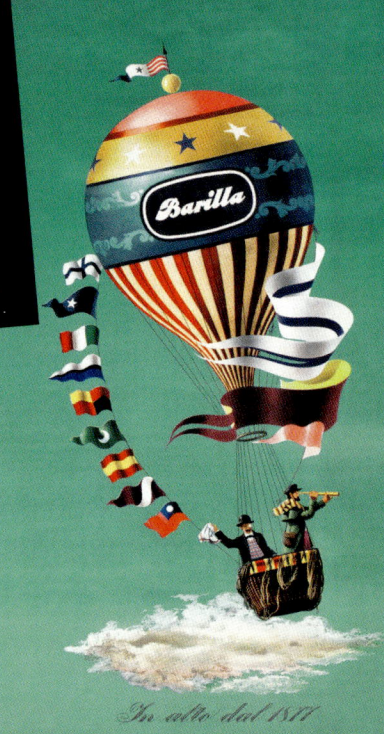

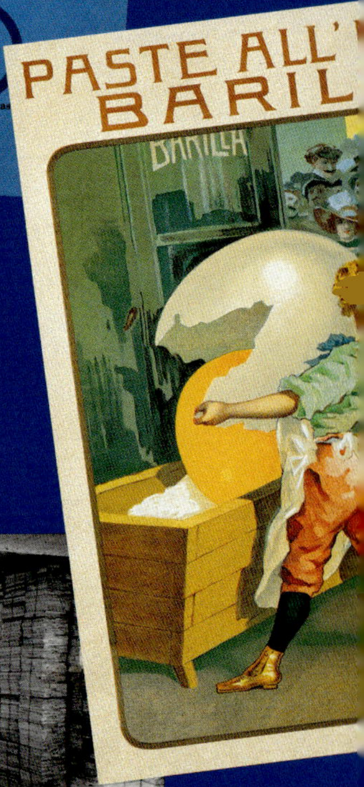
PASTE ALL'

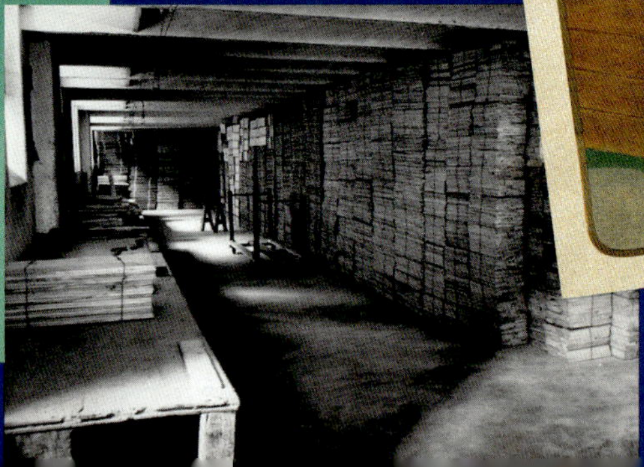

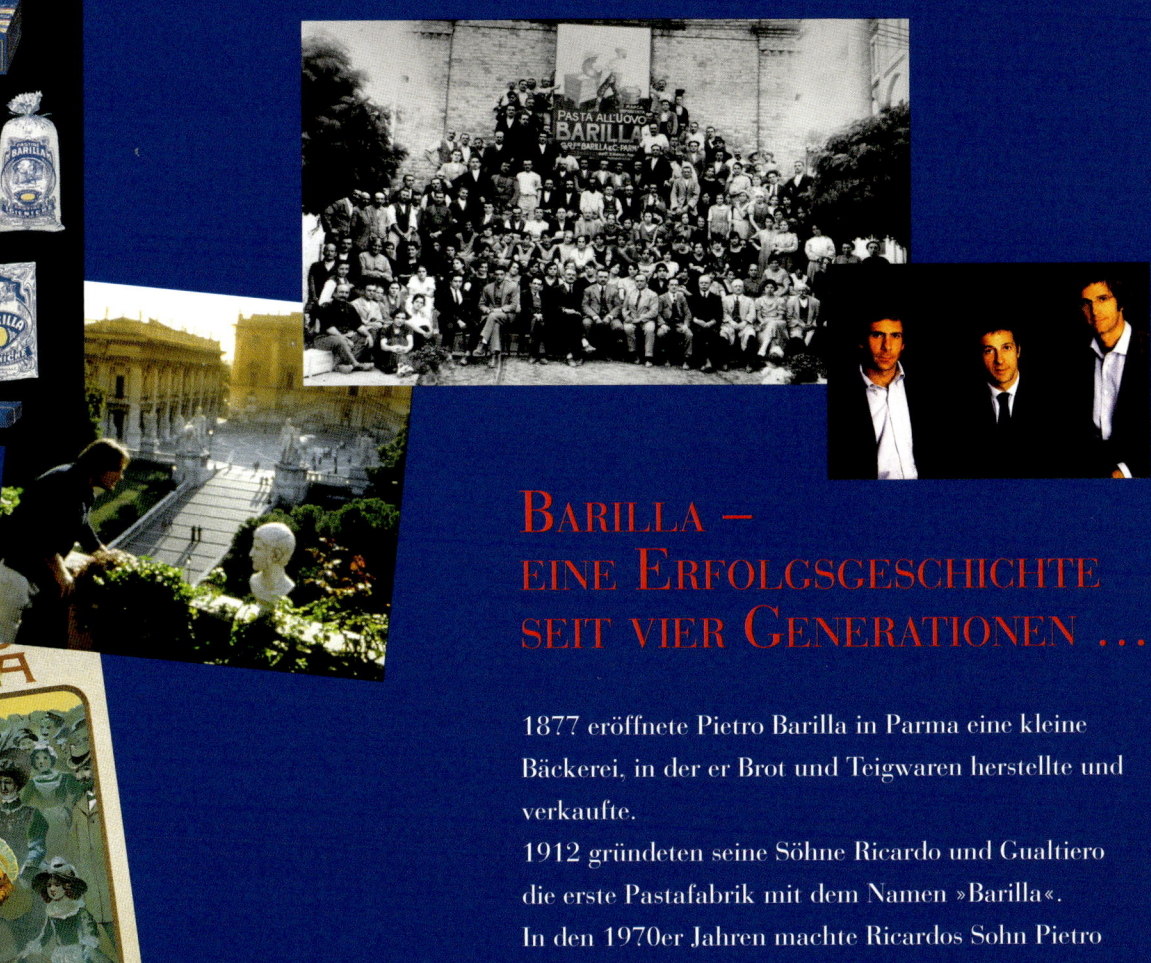

BARILLA – EINE ERFOLGSGESCHICHTE SEIT VIER GENERATIONEN ...

1877 eröffnete Pietro Barilla in Parma eine kleine Bäckerei, in der er Brot und Teigwaren herstellte und verkaufte.

1912 gründeten seine Söhne Ricardo und Gualtiero die erste Pastafabrik mit dem Namen »Barilla«.

In den 1970er Jahren machte Ricardos Sohn Pietro die Firma zu einem international agierenden Unternehmen.

Heute wird das Unternehmen – inzwischen in Italien und weltweit die Nummer eins unter den Pastaherstellern – in vierter Generation von Guido, Luca und Paolo Barilla geleitet.

Alles über Pasta – Die Barilla-Kompetenz

Das Geheimnis der besonderen Qualität der Barilla-Pasta

Barilla hat ein Herstellungsverfahren entwickelt, das höchsten Qualitätsansprüchen unterliegt und damit die stets gleichbleibende Qualität der Produkte garantiert.

Das beginnt bei der Auswahl der Zutaten – den Hartweizensorten, aus denen der hochwertige Hartweizengrieß gewonnen wird, der dafür sorgt, dass die Pasta sehr langsam gart und stets »al dente« bleibt – und erstreckt sich über den gesamten Herstellungsprozess.

Hart- oder Weichweizen?

Hartweizen ist eine Weizensorte, die eigens für die Herstellung von Hartweizengrieß und die Produktion von Teigwaren kultiviert wird. Aufgrund seines hohen Eiweißgehalts zerfällt er nicht so leicht wie Weichweizen, den man vorwiegend für Brot und Backwaren verwendet.

Die einzelnen Herstellungsschritte von Barilla-Pasta

– **Die Teigherstellung:** Der Hartweizengrieß wird mit Wasser zu einem Teig verknetet. Für spezielle Pastasorten werden dem Teig weitere Zutaten (z.B. Eier, Spinat) hinzugefügt.

– **Das Formen:** Der Teig wird zu unterschiedlichen Formen (Farfalle, Penne, Spaghetti …) gepresst.

– **Das Trocknen:** Der Pasta wird das Wasser entzogen.

Diesem Herstellungsverfahren verdanken die Produkte der Marke Barilla ihre unverwechselbaren Eigenschaften im Hinblick auf Geschmack, Farbe und Textur.

Das Weizenkorn

Die drei Hauptbestandteile des Weizenkorns sind:
– die Schale, die – außer bei Vollkornpasta (Kleie) – beim Mahlen in der Regel eliminiert wird.
– der Mehlkörper, der den größten Teil des Korns ausmacht und der reich an Eiweiß und Stärke ist. Aus ihm wird nach dem Mahlen das Mehl.
– der fett- und vitaminreiche Keimling.

Woran man eine gute Pasta erkennt

– Sie bleibt »al dente«.
– Sie bricht nicht.
– Sie zerfällt beim Kochen nicht.
– Sie nimmt die Sauce sehr gut auf.

Die richtige Wahl der Pasta

Pasta unterscheidet sich nicht nur in Form und Länge, sondern auch im Geschmack, denn die Art, wie sie geformt wird, verändert ein wenig auch ihre geschmacklichen Eigenschaften.

Worauf es vor allem ankommt, ist, die Sauce mit der richtigen Pasta zu kombinieren, denn nicht jede Sauce passt gleichermaßen zu Spaghetti oder Tagliatelle.

Beispiele:
– Orecchiette (Öhrchenpasta) passen perfekt zu dickflüssigen Saucen, aber auch zu leichten Fisch- und Gemüsesaucen.
– Fusilli lassen sich besonders gut mit Gemüse und einer Sauce aus frischem Ricotta mischen.
– Farfalle bevorzugen leichte, aber dennoch geschmacksintensive Saucen, etwa ein Pesto Rosso auf Tomatenbasis.
– Kurze Pasta wie Penne nimmt gehaltvolle Käse- und Fleischsaucen sehr gut auf. Penne Rigate beispielsweise passen hervorragend zu einer Sauce aus Tomaten und frischem Ricotta.
– Tagliatelle werden traditionell mit einer Bolognese-Sauce serviert.
– Bavette sind ideal zu einem Pesto alla Genovese.

Relativ dicke, sahnige Saucen passen ebenso gut zu Spaghetti (die man traditionell auch gerne mit Meeresfrüchten oder der klassischen Carbonara-Sauce serviert) wie zu Tagliatelle.

Die Vielfalt und Vielseitigkeit der Pasta spiegeln auch die im Folgenden zusammengestellten Rezepte wider: Alles ist erlaubt – und das Ergebnis wird Sie in jedem Fall überzeugen.

Pasta richtig kochen

Damit ein Pastagericht gelingt, muss vor allem die Pasta richtig gekocht werden. Probieren Sie während des Kochens immer mal wieder eine Pasta, um festzustellen, ob sie bereits gar ist. Pasta muss »al dente« gekocht werden, das heißt, sie muss noch »Biss« haben (und es muss noch ein leichter weißer Streifen im Inneren zu erkennen sein). Nur so ist sie perfekt gegart, besonders schmackhaft und gut verdaulich.

So gelingt die Pasta perfekt:
VIEL SPRUDELND KOCHENDES WASSER

Pasta stets in reichlich Wasser in einem großen Topf mit dünnem Boden und Deckel (damit das Wasser schneller zum Kochen kommt) kochen. Rechnen Sie 1 Liter Wasser pro 100 Gramm Pasta, denn die Pasta sollte »schwimmen« und sich leicht umrühren lassen, damit sie nicht zusammenklebt.

DAS SALZ

Das Kochwasser großzügig salzen (7 Gramm grobes Meersalz pro Liter). Salz ist unverzichtbar, nicht nur weil es den Geschmack hebt, sondern auch, weil es dazu beiträgt, dass die Pasta beim Kochen elastisch wird. Das Salz erst ins sprudelnd kochende Wasser geben. Das Wasser dann erneut bei starker Hitze aufkochen lassen, die Pasta hineingeben, umrühren und den Deckel noch einmal auflegen, jedoch nur so lange, bis das Wasser wieder kocht. Anschließend sprudelnd kochen lassen.

DAS KOCHWASSER

Beim Abgießen stets etwas Kochwasser auffangen. Damit können Sie dicke Saucen verdünnen, damit sie besser von der Pasta aufgenommen werden. Wichtig: Pasta niemals abschrecken (es sei denn, sie ist für einen Salat bestimmt).

DAS ABGIESSEN

Die Pasta in ein großes Sieb abgießen, damit der Dampf möglichst schnell entweichen kann. Danach je nach Rezept direkt zur Sauce oder mit etwas Olivenöl in eine Schüssel geben, in der Sie die Pasta anschließend mit der Sauce oder sonstigen Zutaten vermengen.

DAS NACHGAREN

Die Pasta kann bereits 1 Minute vor Ablauf der auf der Packung angegebenen Kochzeit abgegossen und bei starker Hitze 1 Minute in der Sauce fertig gegart werden. So nimmt sie die Sauce noch besser auf.
Pasta serviert man am besten auf gut vorgewärmten tiefen Tellern.

Die Barilla-Saucen

Die Klassiker: Tomatensauce mit Basilikum, Bolognese und Pesto alla Genovese

DIE AUTHENTISCHEN TRADITIONELLEN REZEPTE AUS ITALIEN

TOMATENSAUCE MIT BASILIKUM

Für 5–6 Personen

50 ml natives Olivenöl extra in einem großen Topf mit dickem Boden langsam erhitzen und 1 fein gewürfelte Zwiebel mit 3 ganzen geschälten Knoblauchzehen 2 bis 3 Minuten darin anschwitzen. 1 kg geschälte, pürierte Tomaten aus der Dose (oder frische Tomaten überbrühen, enthäuten und fein würfeln) hinzufügen. Mit Salz, Pfeffer und anderen Gewürzen Ihrer Wahl abschmecken und bei mittlerer Hitze etwa 20 Minuten ohne Deckel köcheln lassen. Einige frische Basilikumblätter waschen, fein hacken und kurz vorm Servieren in die Tomatensauce geben.

SAUCE BOLOGNESE

Für 5–6 Personen

Der absolute Klassiker der Pastaküche: Das »ragù«, wie man es in Italien nennt, ist die perfekte Ergänzung zu Tagliatelle. 4 EL natives Olivenöl extra in einer tiefen Pfanne erhitzen und 1 gehackte Zwiebel mit 1 Stange Sellerie und 1 Karotte (jeweils fein gewürfelt) 3 Minuten unter Rühren darin anschwitzen. Je 100 g Hackfleisch vom Rind, vom Schwein und vom Kalb sowie 800 g geschälte Tomaten in Stücken hinzufügen, gut umrühren, den Deckel auflegen und etwa 20 Minuten köcheln lassen. Zum Schluss einige Löffel gehackte Petersilie hinzufügen und mit Salz und Pfeffer abschmecken.

PESTO ALLA GENOVESE

Für 5–6 Personen

Einen idealeren Begleiter als das berühmte Pesto aus Genua gibt es einfach nicht. Es besteht im Wesentlichen aus frischem Basilikum und einem sehr guten Olivenöl und ist die perfekte Ergänzung zu Bavette. Etwa 30 frische Basilikumblätter mit 3 geschälten und halbierten Knoblauchzehen (gegebenenfalls die Keime entfernen) im Mörser zermahlen und dabei nach und nach 100 ml natives Olivenöl extra hinzufügen. Anschließend nach und nach 6 EL geriebenen Parmigiano Reggiano und 30 g Pinienkerne hinzufügen und dabei laufend weitermahlen. Wenn Sie keinen Mörser haben, können Sie das Pesto auch im Mixer zubereiten. Das Pesto wird kalt zur Pasta gegeben.

Pasta fürs Wohlbefinden

Was könnte besser für unser Wohlbefinden sorgen als eine gesunde, abwechslungsreiche und ausgewogene Ernährung, die den Körper mit allen notwendigen Nährstoffen versorgt: mit Kohlenhydraten, die 55 Prozent des täglichen Kalorienbedarfs decken sollten, aber auch mit Proteinen, Fett, Vitaminen, Mineralsalzen und Wasser? Die mediterrane Küche ist in dieser Hinsicht geradezu vorbildlich, und die Pasta ist aus ihr nicht wegzudenken!

Kohlenhydrate – Energie für Körper und Geist

Ein mit den klassischen Zutaten der mediterranen Küche zubereitetes Pastagericht ist eine ausgewogene Mahlzeit, die sich hervorragend als Mittag- oder Abendessen eignet. Die Energie, die die in der Pasta enthaltenen Kohlenhydrate (langsame Zucker) liefern, ist lebensnotwendig für Körper und Gehirn und wird je nach Bedarf über den Tag verteilt nach und nach freigesetzt. Pasta zählt auch zu den von Diätspezialisten und Ernährungswissenschaftlern besonders empfohlenen Lebensmitteln (95 Prozent empfehlen sie für die normale Ernährung, 72 Prozent für Diäten).*

* Quelle: Vivactis Mailcall, März 2007 – 80 Beiträge von 60 Diätspezialisten und 20 Ökotrophologen

Vollkorn-Pasta

Mehr und mehr erkennt man auch die Bedeutung von Vollkornprodukten für eine gesunde, ausgewogene Ernährung. Aufgrund ihres Ballaststoffgehalts sorgen die Vollkornprodukte von Barilla für ein schnelles, lang anhaltendes Sättigungsgefühl. Vollkorn-Pasta hat nicht nur einen doppelt so hohen Ballaststoffgehalt wie herkömmliche Pasta, sie enthält auch mehr Vitamine und Mineralsalze. 85 Gramm Barilla Integrale liefern fast 20 Prozent der empfohlenen Tagesmenge an Ballaststoffen.

Inhalt

KLASSISCHE REZEPTE

Bavette mit Pesto alla Genovese und Sardellenfilets   22

Cannelloni mit Ricotta-Spinat-Füllung   24

Capellini mit Lachs   26

Castellane mit Kabeljau   28

Minestrone mit Mini Conchiglie Rigate   30

Mini Farfalle-Suppe mit weißen Bohnen   32

Girandole mit Gorgonzola, Walnüssen und weißen Trüffeln   34

Lasagne mit Kochschinken und Champignons   36

Gemüselasagne   38

Orecchiette mit Brokkoli und Kirschtomaten   40

Penne ai Quattro Formaggi   42

Penne all'Arrabbiata   44

Penne mit Rucola und Schafskäse   46

Spaghetti Aglio e Olio mit Chili   48

Spaghetti alla Carbonara   50

Spaghetti Integrali mit Meeresfrüchten   52

Spaghettoni Cacio e Pepe (mit frischen Kräutern)   54

Spaghettoni mit Sommergemüse   56

Tagliatelle alla Bolognese mit Pfifferlingen   58

Tagliatelle alla Piemontese (mit Knoblauch und Walnüssen)   60

Tagliatelle mit Kaninchen und Steinpilzen   62

Tagliatelle mit Steinpilzen   64

Tortiglioni all'Amatriciana   66

Tortiglioni alla Siciliana   68

Tortiglioni mit Kaninchen, getrockneten Tomaten und Oliven   70

KREATIVE REZEPTE

Bavette mit Meerbarbe   74

Capellini mit Seebarsch   76

Castellane mit Thunfisch und getrockneten Tomaten   78

Mini Farfalle mit Spargel und Rucola   80

Farfalle mit Barilla Pesto Rosso und Kalbfleisch   82

Farfallesalat mit Hähnchenbrust und Balsamico   84

Farfalle Integrali mit Garnelen   86

Fettuccine mit Entenragout und marinierten Zwiebeln   88

Fettuccine mit Hasenragout   90

Fusilli mit Gemüse und Kräuterpesto   92

Fusilli mit Schafskäse, Birne und Minze   94

Gemelli mit Käse und Pfifferlingen   96

Gemelli mit Kürbis und Südtiroler Speck   98

Girandole mit Oktopus   100

Orecchiette mit Calamari und Erbsen   102

Mini Penne-Salat mit Thunfisch und Mozzarella   104

Kalte Gemüsesuppe mit Mini Penne   106

Penne mit Barilla Ricotta Sauce   108

Pennette Integrali mit Radicchio   110

Pennette Integrali mit Venusmuscheln und Aubergine   112

Pipe Integrali mit Blumenkohl und Salsiccia   114

Pipe Integrali mit Scampi   116

Spaghetti Integrali mit Garnelen und Zucchini   118

Spaghettoni mit Garnelen und Barilla Pesto alla Genovese   120

Spaghettoni mit gegrilltem Gemüse   122

KLASSISCHE REZEPTE

BAVETTE
mit Pesto alla Genovese und Sardellenfilets

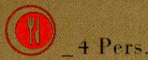 _4 Pers.    _20 Min.    _10 Min.   _Sommer
(Pasta und Sauce)

350 g Barilla Bavette • 120 g frische Sardellenfilets • Salz • frisch gemahlener Pfeffer • 2 EL Zitronensaft • 100 g Kartoffeln • 100 g grüne Bohnen Für das Pesto alla Genovese: 100 g Basilikumblätter • 3 Knoblauchzehen • 30 g Pinienkerne • 30 g geriebener Parmigiano Reggiano • 30 g geriebener Pecorino • 100 ml natives Olivenöl extra

Vermentino aus Ligurien_

1. Die Sardellenfilets auf eine große Platte legen.
2. Salzen, pfeffern, mit Zitronensaft beträufeln und kalt stellen.
3. Die Kartoffeln schälen und in 1 cm große Würfel schneiden.
4. Die Bohnen waschen, die Enden abschneiden und die Bohnen dritteln.
5. Wasser mit reichlich Salz zum Kochen bringen.
6. Die Bavette 8 Min. mit Kartoffeln und Bohnen darin al dente kochen.

Dies ist ein klassisches Gericht der ligurischen Küche. Statt mit Basilikum kann das Pesto auch mit Rucola oder Estragon zubereitet werden, oder man nimmt 150 g Barilla Pesto alla Genovese.

7 Inzwischen das Pesto herstellen. Dazu die geschälten und halbierten Knoblauchzehen mit den übrigen Zutaten im Mörser zerstoßen und vermengen oder im Mixer pürieren. Kalt stellen.

8 Pasta und Gemüse abgießen und dabei etwas Kochflüssigkeit auffangen.

9 Mit dem Pesto und den Sardellen in eine Schüssel geben.

10 Gut vermischen und dabei gegebenenfalls noch etwas Kochflüssigkeit hinzufügen.

11 Auf vier Tellern anrichten und sofort servieren.

CANNELLONI
mit Ricotta-Spinat-Füllung

 _4 Pers.    _50 Min.   _40 Min.   ☀ _Ganzjährig

8 Barilla La Collezione Cannelloni • 400 g Spinat • 300 g Ricotta • etwas natives Olivenöl extra • 2 Eigelb • 100 g geriebener Parmigiano Reggiano • Salz • frisch gemahlener Pfeffer • etwas Butter • 200 ml Barilla Basilico Sauce • einige Basilikumblätter Für die Béchamelsauce: 40 g Butter • 40 g Mehl • 750 ml Milch • 4 g frisch geriebene Muskatnuss • Salz

Béchamelsauce
1 Die Butter in einem kleinen Topf zerlassen.
2 Das Mehl mit einem Schneebesen einrühren und unter Rühren anschwitzen.
3 Die Milch mit dem Muskat aufkochen, dann nach und nach mit dem Schneebesen in die Mehlschwitze rühren und mit Salz abschmecken.
4 Unter ständigem Rühren einige Minuten kochen lassen und danach beiseitestellen.

Füllung
1 Den Spinat waschen und gut abtropfen lassen.
2 Etwas Olivenöl in einem Topf erhitzen und den Spinat bei starker Hitze darin zusammenfallen lassen.
3 Abkühlen lassen, gut ausdrücken und mit dem Messer fein hacken.
4 Den Ricotta in einer Schüssel mit der Gabel zerdrücken.

Chianti Classico_
Rosso di Montalcino_

Die Cannelloni können je nach Jahreszeit mit den verschiedensten Zutaten, etwa Steinpilzen und Ricotta, Artischocken und Ricotta, geschmortem Fleisch oder Gemüse, gefüllt werden.

5 Den Spinat untermischen.
6 Die Eigelb verquirlen und über die Mischung gießen.
7 Die Hälfte des Parmigiano Reggiano zugeben und mit Salz und Pfeffer würzen.
8 Die Zutaten zu einer homogenen Masse verrühren.

Fertigstellung
1 Den Backofen auf 180 °C (Umluft 160 °C) vorheizen.
2 Eine Auflaufform mit Butter einfetten.
3 Eine dünne Schicht Béchamelsauce und ein wenig Barilla Basilico Sauce in der Form verteilen.
4 Die Cannelloni mit der Spinat-Ricotta-Masse füllen und in die Form legen.
5 Mit Béchamelsauce bedecken, die restliche Barilla Basilico Sauce darübergeben und mit dem restlichen Parmigiano Reggiano bestreuen.
6 Die Cannelloni im Backofen 40 Min. überbacken.
7 Auf vier Tellern anrichten, mit Basilikumblättern garnieren, mit etwas Olivenöl beträufeln und sofort servieren.

CAPELLINI MIT LACHS

_4 Pers. _20 Min. _7 Min. 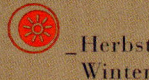_Herbst Winter

350 g Barilla La Collezione Capellini • 300 g Räucherlachs in Scheiben • 1 Schalotte • 30 g Butter • 20 cl Wodka • 500 g Sahne • Salz • frisch gemahlener Pfeffer

1 Den Lachs in Streifen schneiden.
2 Die Schalotte fein hacken und in der Butter glasig dünsten.
3 Den Lachs hinzufügen, mit dem Wodka ablöschen und vollständig einkochen lassen.
4 Die Sahne angießen, mit Salz und Pfeffer würzen und einkochen lassen.
5 Die Capellini 2 Min. in Salzwasser al dente kochen.
6 Abgießen, zur Sauce geben, 1 Min. bei starker Hitze kochen lassen und vom Herd nehmen.
7 Auf vier Tellern anrichten und sofort servieren.

Chardonnay_
Traminer_

Das Gericht kann zum Schluss noch mit Estragon oder Dill verfeinert werden.

KLASSISCHE REZEPTE | 28

CASTELLANE MIT KABELJAU

_4 Pers. _20 Min. _25 Min. 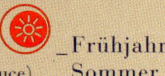_Frühjahr
                                    (Pasta und Sauce) Sommer

350 g Barilla La Collezione Castellane • 300 g Kabeljau • 20 Stangen grüner Spargel • 50 ml natives Olivenöl extra • 1 fein gehackte rote Zwiebel • 50 g Kapern • 100 ml Weißwein • 300 g Tomatenstücke • 60 g schwarze Oliven • Salz • frisch gemahlener Pfeffer • 1 Zweig frischer Oregano

1 Den Spargel waschen und die harten Enden abschneiden. Die Stangen in 2 bis 3 cm lange Stücke schneiden.
2 Das Olivenöl in einer tiefen Pfanne erhitzen und Zwiebel, Kapern und Spargel darin dünsten.
3 Mit dem Weißwein ablöschen und den Wein vollständig einkochen lassen.
4 Tomaten, Oliven und den gewürfelten Kabeljau hinzufügen, salzen und pfeffern.
5 Zugedeckt bei niedriger Hitze 5 Min. köcheln lassen.
6 Inzwischen die Castellane 9 Min. in Salzwasser al dente kochen.
7 Abgießen, in die Pfanne geben und alles gut vermengen.
8 Auf vier Tellern anrichten, mit Oregano garnieren, mit etwas Olivenöl beträufeln und sofort servieren.

Verdicchio di Jesi_
Trebbiano d'Abruzzo_

Dieses Rezept lässt sich sehr einfach zubereiten. Statt Kabeljau kann man auch Meerbarbe, Glattbutt oder Seeteufel verwenden, und der Spargel kann mit Mangold oder Spinat variiert werden.

MINESTRONE
mit Mini Conchiglie Rigate

 _4 Pers.    _20 Min.   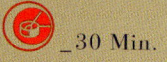 _30 Min. (Pasta und Sauce)   _Ganzjährig

120 g Barilla Piccolini Mini Conchiglie Rigate • 100 g Lauch • 1 kleine rote Zwiebel • 200 g Mangold • 100 g Kartoffeln • 50 g Karotten • 50 g Stangensellerie • 50 g Pancetta (italienischer Bauchspeck) • 1.2 l Hühnerbrühe • 50 g Borlotti-Bohnen (Glas) • 50 g Pesto alla Genovese (Rezept S. 22) • Salz • Pfeffer Für die Tomatencreme: 50 g fein gewürfeltes Tomatenfruchtfleisch • 40 g Tomatenmark • 50 ml natives Olivenöl extra • Salz • frisch gemahlener Pfeffer

1. Das Gemüse waschen, schälen und in kleine Würfel bzw. Streifen schneiden.
2. Den klein geschnittenen Pancetta mit Lauch und Zwiebeln in einen kleinen Topf geben und das Gemüse weich dünsten.
3. Mangold, Kartoffeln, Karotten und Sellerie hinzufügen, mit Salz und Pfeffer würzen und 5 Min. kochen lassen.
4. Die Brühe angießen und das Gemüse einige Minuten weiterkochen lassen.
5. Borlotti-Bohnen und Mini Conchiglie Rigate dazugeben und 6 Min. mitgaren.
6. Inzwischen die Zutaten für die Tomatencreme in einer Schüssel gut vermengen, mit Salz und Pfeffer abschmecken und in einem kleinen Topf einkochen lassen.
7. Im Mixer pürieren und beiseitestellen.
8. Die Minestrone auf vier Suppenteller verteilen, jeweils mit etwas Tomatencreme und etwas Pesto garnieren und sofort servieren.

Ein ligurischer Weißwein_

Falls Sie keine Zeit haben, das Pesto selbst herzustellen, nehmen Sie einfach das Pesto alla Genovese von Barilla.

MINI FARFALLE-SUPPE
mit weißen Bohnen

 _4 Pers.  _20 Min. 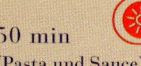 _50 min (Pasta und Sauce)  _Herbst Winter

200 g Barilla Piccolini Mini Farfalle • 400 g getrocknete weiße Bohnen, in Salzwasser gekocht • 500 ml des Bohnen-Kochwassers • 1 weiße Zwiebel • 50 g Parmaschinken • 50 g magerer, durchwachsener Räucherspeck • 40 ml natives Olivenöl extra • 200 g reife Tomaten • 1 Stange Sellerie • 1 große Kartoffel • Salz • frisch gemahlener Pfeffer

1. Die Zwiebel schälen und fein hacken.
2. Parmaschinken und Räucherspeck in schmale Stifte schneiden.
3. Zwiebel, Schinken und Speck mit Olivenöl in einem Topf bei niedriger Hitze anbraten.
4. Die Tomaten kreuzweise einschneiden, mit heißem Wasser überbrühen, einige Minuten stehen lassen, häuten, entkernen und klein schneiden.
5. Durch ein Sieb streichen und das Püree auffangen.
6. Den Sellerie in dünne Scheiben, die Kartoffel in kleine Würfel schneiden und beides mit dem Tomatenpüree in den Topf geben.
7. Mit Salz und Pfeffer würzen und 10 Min. bei niedriger Hitze köcheln lassen.
8. Die Bohnen mit dem Kochwasser dazugeben und etwa 30 Min. kochen.
9. Die Mini Farfalle hinzufügen und 6 Min. in der Suppe al dente kochen.
10. Die Suppe auf vier tiefe Teller verteilen und sofort servieren.

Dolcetto_
Gutturnio_

Diese Pastasuppe ist eine Spezialität aus der Region Latium. Statt mit weißen Bohnen schmeckt sie auch mit Kichererbsen.

GIRANDOLE MIT GORGONZOLA,
Walnüssen und weißen Trüffeln

 _4 Pers.   _15 Min.   _10 Min.   _Winter
(Pasta und Sauce)

350 g Barilla Girandole • 150 g Gorgonzola • 40 g Walnüsse • 40 g weiße Trüffel • 150 g Sahne • Salz

1 Die Walnüsse grob hacken.
2 Die Trüffel mit einer weichen Bürste vorsichtig von Erdresten befreien, trockentupfen und zur Seite stellen.
3 Die Girandole 6 Min. in reichlich Salzwasser al dente kochen.
4 Inzwischen die Gorgonzolasauce zubereiten. Den Gorgonzola in einer beschichteten Pfanne langsam mit der Sahne schmelzen. Bei niedriger Hitze mit einem Holzkochlöffel verrühren, aber nicht zum Kochen kommen lassen.
5 Die Pasta abgießen und mit der Sauce und den Nüssen vermengen.
6 Auf vier Tellern anrichten, die Trüffel mit einem Trüffelhobel darüberhobeln und sofort servieren.

Nebbiolo Piemonte_

Weiße Trüffeln bewahrt man am besten in einem verschlossenen Gefäß im Kühlschrank auf. Die Trüffeln vorher säubern und in ein Stück Papier wickeln (das Papier täglich erneuern). Sie können so bis zu 1 Woche gelagert werden, ohne dass sie an Qualität einbüßen.

LASAGNE
mit Kochschinken und Champignons

 _4 Pers.   _30 Min.   _40 Min. (Pasta und Sauce)   _Ganzjährig

10 Barilla La Collezione Lasagneblätter • 150 g Kochschinken • 120 g Champignons • 3 EL natives Olivenöl extra • Salz • frisch gemahlener Pfeffer • 120 g Erbsen • 60 g geriebener Parmigiano Reggiano Für die Vanille-Béchamelsauce: 40 g Butter • 40 g Mehl • 750 ml Milch • 1 Vanilleschote • Salz

Béchamelsauce

1 Die Butter in einem kleinen Topf zerlassen.

2 Das Mehl mit einem Schneebesen einrühren und unter Rühren anschwitzen.

3 Die Milch mit der Vanilleschote aufkochen, dann nach und nach mit dem Schneebesen in die Mehlschwitze rühren und mit Salz abschmecken.

4 Unter ständigem Rühren einige Minuten kochen lassen und danach beiseitestellen.

Negroamaro_
Primitivo di Manduria_

Lasagne ist in Italien als Sonntagsessen sehr beliebt. Das Rezept kann je nach Jahreszeit mit Erbsen, grünen Bohnenkernen oder Zucchini zubereitet werden.

Lasagne

1. Die Champignons waschen und in dünne Scheiben schneiden.
2. Das Olivenöl in einer tiefen Pfanne erhitzen und die Pilze darin anbräunen. Mit Salz und Pfeffer würzen.
3. Die Erbsen in kochendem Salzwasser blanchieren.
4. Den Schinken fein würfeln.
5. Den Backofen auf 220 °C (Umluft 200 °C) vorheizen.
6. In einer Auflaufform eine Schicht Béchamelsauce verteilen. Schinken, Erbsen, Champignons, Lasagneblätter und Parmigiano Reggiano darauf verteilen.
7. Den Vorgang fünfmal wiederholen und die Lasagne 30 Min. im Ofen backen.
8. 10 Min. ruhen lassen und danach in Portionsstücke schneiden.
9. Auf vier Tellern anrichten und sofort servieren.

GEMÜSELASAGNE

_4 Pers.   _30 Min.   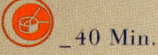_40 Min.   _Sommer
(Pasta und Sauce)

10 Barilla La Collezione Lasagneblätter • 100 g Karotten • 100 g Zucchini • ½ rote Spitzpaprika • 100 g grüner Spargel • 5 Kirschtomaten • 50 g Erbsen • 5–6 EL natives Olivenöl extra • Salz • frisch gemahlener Pfeffer Für die Béchamelsauce: 40 g Butter • 40 g Mehl • 750 ml Milch • 4 g geriebene Muskatnuss • Salz

Béchamelsauce

1   Die Butter in einem kleinen Topf zerlassen.
2   Das Mehl mit einem Schneebesen einrühren und unter Rühren anschwitzen.
3   Die Milch mit dem Muskat aufkochen, dann nach und nach mit dem Schneebesen in die Mehlschwitze rühren und mit Salz abschmecken.
4   Unter ständigem Rühren einige Minuten kochen lassen und danach beiseitestellen.

Lasagne

1   Die Karotten schälen. Zucchini, Karotten und Paprika fein würfeln.
2   Vom Spargel die holzigen Enden abschneiden und die Stangen in dünne Scheiben schneiden.

Vernaccia di
San Gimignano_
Tocai Friulano_

Die Lasagne stammt ursprünglich aus Bologna, wo man sie mit einer Bologneser Sauce zubereitet. In diesem Rezept wurde die Sauce durch ein Gemüseragout ersetzt, das je nach Jahreszeit abgewandelt werden kann.

3 Die Tomaten halbieren.
4 Das Olivenöl in einer tiefen Pfanne erhitzen, das vorbereitete Gemüse sowie die Erbsen hinzufügen, mit Salz und Pfeffer würzen und 3 Min. bei starker Hitze braten.
5 Den Backofen auf 220 °C (Umluft 200 °C) vorheizen.
6 Eine Schicht Béchamelsauce in einer Auflaufform verteilen, eine Schicht Gemüse daraufgeben und mit Lasagneblättern abschließen.
7 Den Vorgang fünfmal wiederholen und mit Béchamelsauce abschließen. Die Lasagne 20 Min. im Ofen backen.
8 10 Min. ruhen lassen und danach in Portionsstücke schneiden.
9 Auf vier Tellern anrichten und sofort servieren.

ORECCHIETTE MIT BROKKOLI
und Kirschtomaten

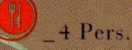 _4 Pers.    _15 Min.   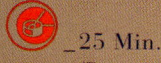 _25 Min.    _Herbst
(Pasta und Sauce)

350 g Barilla La Collezione Orecchiette • 2 Brokkoliköpfe • 10 Kirschtomaten • 1 Avocado • 1 Limette • Salz • 1 Frühlingszwiebel • 1 rote Chilischote • 100 ml natives Olivenöl extra • 1 Knoblauchzehe • 2 Sardellenfilets in Öl • frisch gemahlener Pfeffer

1. Die Avocado schälen und den Stein auslösen.
2. Das Fruchtfleisch in einer Schüssel mit einer Gabel zerdrücken und mit Limettensaft und Salz vermengen.
3. Frühlingszwiebel und Chilischote fein hacken.
4. Mit dem Avocadopüree vermengen und dabei zerdrücken.
5. Den Brokkoli waschen, in kleine Röschen zerteilen und in kochendem Salzwasser 3 bis 4 Min. blanchieren.
6. Das Olivenöl in einer tiefen Pfanne erhitzen und den gewürfelten Knoblauch und die kleingeschnittenen Sardellenfilets darin anbräunen.
7. Brokkoli und die halbierten Tomaten hinzufügen und mit Pfeffer würzen.
8. Inzwischen die Orecchiette 12 Min. in Salzwasser al dente kochen.
9. Abgießen und mit der Brokkolisauce vermischen.
10. Den Topf vom Herd nehmen und das Avocadopüree untermischen.
11. Auf vier Tellern anrichten und sofort servieren.

Primitivo di Manduria_

Mehr »Biss« bekommt das Gericht, wenn Sie die Avocado nicht zerdrücken, sondern in Scheiben oder Würfel schneiden. Dazu passt gedämpfter Hummer.

PENNE AI QUATTRO FORMAGGI

_4 Pers.   _20 Min.   _10 Min.   _Winter
                     (Pasta und Sauce)

350 g Barilla Penne Rigate • 40 g kleingeschnittener Gorgonzola • 40 g geriebener Parmigiano Reggiano • 40 g geriebener Pecorino • 40 g geriebener Emmentaler • 30 g Butter • 2 Schalotten • 500 g Sahne • Salz • frisch gemahlener Pfeffer

1. Die Butter in einem kleinen Topf zerlassen und die fein gehackten Schalotten hinzufügen.
2. Bei niedriger Hitze weich dünsten, mit der Sahne ablöschen, aufkochen und etwas einkochen lassen.
3. Den Käse in den Mixer geben und die kochende Sahne dazugießen.
4. Den Käse mit der Sahne im Mixer zu einer cremigen Sauce verschlagen.
5. Die Sauce wieder in den Topf gießen und mit Pfeffer abschmecken.
6. Inzwischen die Penne 11 Min. in Salzwasser al dente kochen.
7. Abgießen und mit der Sauce vermengen.
8. Auf vier Tellern anrichten und sofort servieren.

Merlot aus Südtirol_

Der Käse in diesem
traditionellen italienischen
Gericht kann durch jeden
anderen guten Käse
ersetzt werden.

KLASSISCHE REZEPTE | 44

PENNE ALL'ARRABBIATA

_4 Pers.   _10 Min.   _15 Min.   _Sommer
(Pasta und Sauce)

350 g Barilla Penne Rigate • 1 kg reife Tomaten • 60 ml natives Olivenöl extra • 2 Knoblauchzehen • 2 rote Chilischoten • Salz

1 Die Tomaten an der Unterseite kreuzweise einschneiden, mit heißem Wasser überbrühen, einige Minuten stehen lassen, häuten und entkernen.
2 Das Fruchtfleisch kleinschneiden und beiseitestellen.
3 Das Olivenöl in einer tiefen Pfanne erhitzen. Chilischoten und die mit dem Messerrücken leicht angedrückten Knoblauchzehen bei niedriger Hitze darin weich dünsten.
4 Die Tomaten hinzufügen und bei starker Hitze einkochen lassen.
5 Inzwischen die Penne 11 Min. in Salzwasser al dente kochen.
6 Abgießen und bei starker Hitze mit der Sauce mischen.
7 Den Topf vom Herd nehmen. Knoblauch und Chilischoten entfernen.
8 Auf vier Tellern anrichten, nach Belieben mit Chiliringen garnieren und sofort servieren.

Etna Rosso_
Verdicchio_

Dieser Klassiker der italienischen Küche ist kinderleicht zuzubereiten. Noch einfacher geht es, wenn Sie die Barilla Arrabbiata Sauce verwenden.

PENNE MIT RUCOLA
und Schafskäse

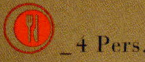_4 Pers.   _10 Min.   _15 Min.   _Ganzjährig
(Pasta und Sauce)

350 g Barilla Penne Rigate • 400 g Rucola • 50 g geriebener Pecorino • 50 g junger Pecorino • 200 ml Barilla Basilico Sauce • Salz • frisch gemahlener Pfeffer

1. Die Rucola waschen und mit Küchenpapier trockentupfen.
2. Die Barilla Basilico Sauce in einem Topf zum Kochen bringen.
3. Inzwischen die Penne mit 300 g Rucola 11 Min. in großzügig gesalzenem Wasser al dente kochen.
4. Abgießen, zur Sauce geben und mit Salz und Pfeffer würzen.
5. Alles gut vermengen, den Topf vom Herd nehmen und den geriebenen Pecorino hinzufügen.
6. Auf vier Tellern anrichten, mit der restlichen rohen Rucola garnieren, mit dem gehobelten jungen Pecorino bestreuen und sofort servieren.

Primitivo di Manduria_

Dieses Rezept stammt aus der süditalienischen Region Apulien. Hier kocht man die Pasta gerne zusammen mit Gemüse, um das Aroma zu verstärken.

SPAGHETTI AGLIO E OLIO
mit Chili

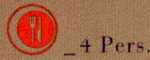 _4 Pers.    _10 Min.   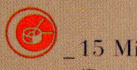 _15 Min.   _Ganzjährig
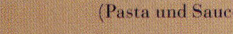

350 g Barilla Spaghetti • 60 ml natives Olivenöl extra • 1 Knoblauchzehe • 1 rote Chilischote • 70 g Sardellen in Salzlake • Salz

1 Das Olivenöl in einer tiefen Pfanne erhitzen und den in feine Scheiben geschnittenen Knoblauch, die ganze Chilischote und die gut abgespülten Sardellen dazugeben.
2 Bei niedriger Hitze 5 Min. weich dünsten.
3 Inzwischen die Spaghetti 8 Min. in Salzwasser al dente kochen.
4 Abgießen, in die Pfanne geben und alles gut vermengen.
5 Die Chilischote entfernen.
6 Auf vier Tellern anrichten und sofort servieren.

Beaujolais Primeur_

Dieses traditionelle süd-
italienische Gericht lässt
sich sehr leicht zubereiten
und kann zum Schluss
noch mit gehackter
Petersilie und Pecorino
verfeinert werden.

SPAGHETTI ALLA CARBONARA

_4 Pers.   _10 Min.   _15 Min.   _Ganzjährig
                        (Pasta und Sauce)

350 g Barilla Spaghetti • 200 g Sahne • 3 EL geriebener Pecorino Romano oder nicht zu salziger Parmigiano Reggiano • 4 Eigelb • 2 EL natives Olivenöl extra • 150 g Pancetta (italienischer Bauchspeck, in 4 mm dicken Scheiben) • 1 Zweig Thymian • Salz • frisch gemahlener Pfeffer

1 In einer Schüssel die Sahne mit 2 EL Pecorino und den Eigelb verrühren und kalt stellen.
2 Den Speck in Stifte schneiden.
3 Das Olivenöl in einer tiefen Pfanne erhitzen und den Speck mit den Thymianblättern darin anbräunen.
4 Von Herd nehmen und das Öl abgießen.
5 Inzwischen die Spaghetti 7 Min. in großzügig gesalzenem Wasser al dente kochen.
6 Abgießen, in der Pfanne mit Speck und Thymian vermengen und nochmals 1 Min. bei starker Hitze schwenken.

Montepulciano d'Abruzzo_

Das gehaltvollere Originalrezept wird mit Crème double und ganzen Eiern zubereitet.

7 Vom Herd nehmen und mit der Eier-Sahne vermischen.

8 Noch einmal kurz erwärmen, dabei aber nicht zum Kochen bringen, damit die Eier nicht vollständig gegart werden.

9 Auf vier Tellern anrichten, mit dem restlichen Pecorino bestreuen, mit Pfeffer übermahlen und sofort servieren.

KLASSISCHE REZEPTE | 52

SPAGHETTI INTEGRALI
mit Meeresfrüchten

 _4 Pers.   _20 Min.   _10 Min.
(Pasta und Sauce)   _Frühjahr Sommer

350 g Barilla Integrale Vollkorn Spaghetti • 600 g Muscheln (Miesmuscheln, Venusmuscheln) • 200 g Garnelen • 1 Zackenbarsch- oder Kabeljaufilet • 60 ml natives Olivenöl extra • 2 Knoblauchzehen • Salz • frisch gemahlener Pfeffer • 1 reife Tomate • 1 Stängel glatte Petersilie

1. Die Muscheln gründlich waschen und 3 Std. in frischem Wasser wässern.
2. Das Olivenöl in einer tiefen Pfanne erhitzen. Den zerdrückten Knoblauch und die Muscheln dazugeben, zudecken und garen, bis sich die Muscheln geöffnet haben.
3. Die Garnelen schälen.
4. Das Fischfilet in mundgerechte Stücke schneiden, mit den Garnelen auf einen Teller legen und mit Salz und Pfeffer würzen.
5. Die Tomate waschen und fein würfeln.
6. Fisch und Garnelen mit der Tomate zu den Muscheln geben und 5 Min. kochen lassen.
7. Inzwischen die Spaghetti 7 Min. in Salzwasser al dente kochen.
8. Abgießen, mit den Meeresfrüchten vermengen und nochmals 1 Min. kochen lassen.

Vermentino di Gallura_

Das Gericht kann mit oder ohne Muschelschalen serviert werden.

9 Vom Herd nehmen und die fein gehackte Petersilie untermischen.
10 Auf vier Tellern anrichten und sofort servieren.

SPAGHETTONI CACIO E PEPE
(mit frischen Kräutern)

 _4 Pers.   _10 Min.   _15 Min. (Pasta und Sauce)   _Herbst Winter

350 g Barilla Spaghettoni • 100 g geriebener Pecorino Romano • 80 g geriebener Parmigiano Reggiano • 30 g geschroteter Pfeffer • 20 g Butter • 30 ml natives Olivenöl extra • 2 g Safranfäden • 1 eingelegte Knoblauchzehe • 1 TL gehackter Majoran • 1 TL gehackte Petersilie • 1 TL Schnittlauchröllchen • 1 TL gehackter Oregano • Salz

1 Butter und Olivenöl in einer tiefen Pfanne erhitzen.
2 Safran, Knoblauch und Kräuter dazugeben und bei niedriger Hitze einkochen lassen.
3 Die Spaghettoni 11 Min. in Salzwasser al dente kochen.
4 Abgießen und dabei etwas Kochwasser auffangen.
5 Die Spaghettoni mit 1 kleinen Glas Pastakochwasser zu den Kräutern geben und alles gut durchmischen.
6 Vom Herd nehmen und Käse und Pfeffer unter die heiße Pasta mischen.
7 Auf vier Tellern anrichten, mit ein paar frischen Kräuterblättern garnieren und sofort servieren.

Chianti Classico_
Brunello di Montalcino_
Ein guter Syrah_

Bei diesem relativ einfachen Rezept muss man lediglich darauf achten, den Topf vom Herd zu nehmen, bevor man den Käse untermischt, damit dieser nicht zu stark erhitzt wird. So werden die Spaghettoni schön cremig.

SPAGHETTONI
mit Sommergemüse

 _4 Pers.    _20 Min.   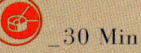 _30 Min.   _Sommer
(Pasta und Sauce)

350 g Barilla Spaghettoni • 1 Zucchini • je 1 rote, gelbe und grüne Paprikaschote • 1 Schalotte • 150 g Lammhack • 1 Ei • 50 g geriebener Parmigiano Reggiano • Salz • frisch gemahlener Pfeffer • 1 TL Kreuzkümmel • 100 g entrindetes Weißbrot, in Milch eingeweicht • 1 EL Mehl • 40 ml natives Olivenöl extra • 1 Zweig Rosmarin • 500 g Sahne

1. Zucchini und Paprikaschoten waschen, die Samen der Paprikaschoten entfernen.
2. Das Gemüse fein würfeln.
3. Die Schalotte schälen und fein hacken.
4. Das Fleisch in eine Schüssel geben.
5. Ei, 40 g Parmigiano Reggiano, Salz, Pfeffer, Kreuzkümmel und das ausgedrückte Weißbrot hinzufügen und alles zu einer homogenen Masse vermengen.
6. Haselnussgroße Bällchen aus der Masse formen und im Mehl wenden.
7. Das Olivenöl in einer tiefen Pfanne erhitzen und die Schalotte mit dem Rosmarin bei niedriger Hitze darin glasig dünsten.

Primitivo di Manduria_
Sangiovese_

Wer Kalorien sparen will, kann die Sahne durch Tomatensauce ersetzen oder zum Schluss noch etwas Basilikumpesto untermischen.

8 Die Fleischbällchen in die Pfanne geben, goldbraun anbraten und das Gemüse hinzufügen.
9 Die Sahne angießen und einkochen lassen. Den Rosmarinzweig herausnehmen.
10 Inzwischen die Spaghettoni 11 Min. in Salzwasser al dente kochen.
11 Abgießen und gut mit der Sauce vermengen.
12 Auf vier Tellern anrichten, mit dem restlichen Parmigiano Reggiano bestreuen und sofort servieren.

TAGLIATELLE ALLA BOLOGNESE
mit Pfifferlingen

 _4 Pers.    _2 Std.   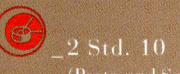 _2 Std. 10 (Pasta und Sauce)   _Herbst Winter

350 g Barilla La Collezione Tagliatelle • 40 ml natives Olivenöl extra • 60 g gehackter Stangensellerie • 80 g gehackte Zwiebeln • 60 g fein gewürfelte Karotten • 100 g Schweinehack • 200 g Rinderhack • 30 g fein gewürfelter Pancetta (italienischer Bauchspeck) • 300 ml Weißwein • 2 EL Tomatenmark • Salz • frisch gemahlener Pfeffer • 1 l Fleischbrühe • 30 g Pfifferlinge • 1 Zweig Thymian • 50 g geriebener Parmigiano Reggiano

1. In einem Topf 30 ml Olivenöl erhitzen und Sellerie, Zwiebeln und Karotten darin anbraten.
2. Hackfleisch und Pancetta dazugeben und anbräunen.
3. Den Wein angießen und vollständig einkochen lassen.
4. Tomatenmark unterrühren, mit Salz und Pfeffer würzen und mit der Brühe bedecken.
5. Bei niedriger Hitze 2 Std. köcheln lassen.
6. Inzwischen die Pilze unter fließendem Wasser gründlich säubern und mit Küchenpapier trockentupfen.
7. Das restliche Olivenöl in einer beschichteten Pfanne mit dem Thymianzweig erhitzen.
8. Die Pilze bei niedriger Hitze darin anbräunen.
9. Die Sauce hinzufügen und alles gut vermengen.

Sangiovese di Romagna_
Gutturnio_

Ein absoluter Klassiker der italienischen Küche! Die Pfifferlinge verleihen dem Gericht eine ganz besondere Note. Statt Hackfleisch kann auch klein gewürfeltes Fleisch verwendet werden. Sie können aber auch die Barilla Bolognese Sauce nehmen.

10 Die Tagliatelle 6 Min. in Salzwasser al dente kochen.
11 Abgießen und mit der Sauce vermischen.
12 Auf vier Tellern anrichten, mit Parmigiano Reggiano bestreuen und sofort servieren.

TAGLIATELLE ALLA PIEMONTESE
(mit Knoblauch und Walnüssen)

_ 4 Pers.   _ 10 Min.   _ 15 Min. (Pasta und Sauce)   _ Herbst Winter

350 g Barilla La Collezione Tagliatelle • 2 Knoblauchzehen • 250 g Walnusskerne • 80 g entrindetes Weißbrot • 100 ml Milch • 50 g Butter • Salz • frisch gemahlener Pfeffer • Schnittlauchröllchen

1. Das Weißbrot in der Milch einweichen.
2. Die Walnusskerne im Mörser mit dem Knoblauch zu einer sämigen, nicht zu feinen Paste zermahlen.
3. Das aufgeweichte Weißbrot mit der Milch unterrühren und kalt stellen.
4. Die Tagliatelle 6 Min. in Salzwasser al dente kochen.
5. Abgießen, in einer Schüssel mit der Butter mischen, mit Salz und Pfeffer würzen und nach Geschmack mit dem Walnusspesto verfeinern.
6. Auf vier Tellern anrichten, mit Schnittlauchröllchen garnieren und sofort servieren.

Beaujolais Primeur_
Barolo_
Barbera_

Dieses relativ einfache Rezept sollte möglichst mit sehr frischen Walnüssen zubereitet werden.

TAGLIATELLE MIT KANINCHEN
und Steinpilzen

_4 Pers.   _30 Min.   _35 Min.   _Herbst
(Pasta und Sauce)

350 g Barilla La Collezione Tagliatelle • 2 Kaninchenkeulen • 150 g Steinpilze • 2 EL Mehl • 50 ml natives Olivenöl extra • 3 Salbeiblätter • 1 Stängel Bohnenkraut • 1 Zweig Thymian • Salz • frisch gemahlener Pfeffer • 60 g Karotten • 100 g Stangensellerie • 100 g rote Zwiebeln • 300 ml Weißwein • 300 ml Hühnerbrühe • 2 Knoblauchzehen

1. Die Kaninchenkeulen im Mehl wenden.
2. In einer tiefen Pfanne 30 ml Olivenöl mit den Kräutern erhitzen.
3. Die Kaninchenkeulen mit Salz und Pfeffer würzen und rundherum in der Pfanne anbräunen.
4. Karotten, Sellerie und Zwiebeln fein würfeln.
5. Zum Fleisch geben und etwa 10 Min. mitgaren.
6. Den Wein angießen und vollständig einkochen lassen.
7. Die Brühe angießen und das Fleisch zugedeckt bei niedriger Hitze garen, bis es sich von den Knochen löst.
8. Die Keulen entbeinen.

Chianti Classico_
Gewürztraminer aus
Südtirol_

Dies ist ein traditionelles Ragout aus der toskanischen Küche. Je nach Jahreszeit und Geschmack können die Steinpilze auch durch andere Pilze ersetzt werden.

9 Die Sauce durch ein Sieb oder eine Gemüsemühle passieren und mit dem Fleisch in einen Topf geben.
10 Die Pilze putzen, säubern und in 1 cm dicke Scheiben schneiden.
11 Das restliche Olivenöl in einer Pfanne erhitzen und die Pilze mit dem zerdrückten Knoblauch darin anbräunen.
12 Inzwischen die Tagliatelle 6 Min. in Salzwasser al dente kochen.
13 Abgießen und bei niedriger Hitze mit der Sauce vermengen.
14 Auf vier Tellern anrichten, mit Pilzscheiben garnieren und sofort servieren.

TAGLIATELLE MIT STEINPILZEN

_4 Pers. _20 Min. _7 Min. _Herbst
(Pasta und Sauce)

350 g Barilla La Collezione Tagliatelle • 300 g Steinpilze • 1 Knoblauchzehe • 1 Zweig Rosmarin • 20 g Butter • Salz • frisch gemahlener Pfeffer • 500 g Sahne • 40 g geriebener Parmigiano Reggiano

1. Die Pilze putzen, kurz unter fließendem Wasser waschen und mit Küchenpapier trockentupfen.
2. In 4 mm dicke Scheiben schneiden und beiseitestellen.
3. Die leicht angedrückte Knoblauchzehe mit dem Rosmarinzweig in einer tiefen Pfanne mit der Butter anbräunen.
4. Die Pilze hinzufügen, mit Salz und Pfeffer würzen und ebenfalls anbräunen.
5. Knoblauch und Rosmarin entfernen, die Sahne angießen und einkochen lassen.
6. Inzwischen die Tagliatelle 6 Min. in Salzwasser al dente kochen.
7. Abgießen, mit den Pilzen vermengen und vom Herd nehmen.
8. Auf vier Tellern anrichten, mit dem Parmigiano Reggiano bestreuen und servieren.

Chianti Classico_
Sangiovese di Romagna_

Die Steinpilze können auch
durch Morcheln, Herbst-
trompeten, Pfifferlinge oder
eine Mischung aus diesen
drei Pilzen ersetzt werden.

TORTIGLIONI ALL'AMATRICIANA

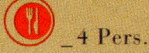 _4 Pers.    _10 Min.   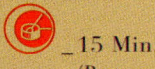 _15 Min. (Pasta und Sauce)   _Herbst Winter

350 g Barilla Tortiglioni • 150 g Pancetta (italienischer Bauchspeck) in dicken Scheiben oder 150 g durchwachsener Speck • 3 EL natives Olivenöl extra • Salz • 50 g geriebener Pecorino Romano • 4 Kirschtomaten • frisch gemahlener Pfeffer

1 Die Schweinebacke oder den Speck in Stifte schneiden.
2 Die Stifte bei starker Hitze in einer beschichteten Pfanne mit dem Olivenöl braten.
3 Inzwischen die Tortiglioni 12 Min. in Salzwasser al dente kochen.
4 Abgießen, mit etwas Kochwasser in die Pfanne geben und mit dem Fleisch vermengen.
5 Vom Herd nehmen, den Pecorino und die in Scheiben geschnittenen Tomaten untermischen und mit Pfeffer würzen.
6 Auf vier Tellern anrichten und sofort servieren.

Primitivo di Manduria_

Der Name dieses Klassikers leitet sich von Amatrice her, einer Kleinstadt in den süditalienischen Bergen. Oft wird das Gericht noch mit Tomatensauce serviert. Hier empfiehlt sich die Basilico Sauce von Barilla.

TORTIGLIONI ALLA SICILIANA

 _4 Pers.  _20 Min.  _12 Min.  _Sommer

350 g Barilla Tortiglioni • 3 Auberginen • Salz • 1 l Erdnussöl • 500 g reife Tomaten • 50 ml natives Olivenöl extra • 2 Knoblauchzehen • frisch gemahlener Pfeffer • 40 g geriebener Ricotta secca

1. Die Auberginen waschen, in 2 cm große Würfel schneiden und salzen.
2. Im Erdnussöl frittieren und auf Küchenpapier abtropfen lassen.
3. Die Tomaten waschen und fein würfeln.
4. Das Olivenöl in einer tiefen Pfanne erhitzen und den fein gehackten Knoblauch darin anbräunen.
5. Die Tomaten hinzufügen und 10 Min. bei starker Hitze kochen lassen.
6. Mit Salz und Pfeffer würzen und die Auberginen dazugeben.
7. Inzwischen die Tortiglioni etwa 10 Min. in Salzwasser al dente kochen.
8. Abgießen und 2 Min. lang bei starker Hitze mit der Sauce mischen.
9. Auf vier Tellern anrichten, mit dem Ricotta bestreuen und sofort servieren.

Nero d'Avola_

Sie können den Ricotta secca durch Pecorino ersetzen und das Gericht noch mit Basilikum verfeinern.

TORTIGLIONI MIT KANINCHEN,
getrockneten Tomaten und Oliven

 _4 Pers.    _30 Min.    _4 Std. (Pasta und Sauce)   _Ganzjährig (mit jahreszeitlichen Variationen)

350 g Barilla Tortiglioni • 2 Kaninchenkeulen • Salz • frisch gemahlener Pfeffer • 1 Zweig Majoran • 2 Knoblauchzehen • 100 ml natives Olivenöl extra • 1 kg Kirschtomaten • 70 g schwarze Oliven • 40 g Kapern • 1 Bund Basilikum • 50 g geriebener Pecorino Romano

1. Den Backofen auf 90 °C (Umluft 70 °C) vorheizen.
2. Die Kaninchenkeulen mit Salz und Pfeffer würzen und in einen kleinen Topf legen.
3. Den Majoran und 1 Knoblauchzehe hinzufügen.
4. Das Fleisch mit Olivenöl bedecken und 4 Std. im Backofen garen.
5. Anschließend herausnehmen und das Fleisch von den Knochen lösen.
6. Parallel dazu die Tomaten waschen, halbieren, auf einem mit Backpapier ausgelegten Backblech verteilen und 2 Std. in heißen Backofen mitgaren.

Vernaccia di San Gimignano_

Das Fleisch wird bei niedriger Temperatur in Olivenöl gegart. Deshalb empfiehlt es sich, ein gutes natives Olivenöl extra zu verwenden.

7   Oliven, Kapern, die zweite Knoblauchzehe und das Basilikum fein hacken und in einer Schüssel mit den Tomaten und etwas Olivenöl mischen.
8   Das Fleisch dazugeben und 30 Min. durchziehen lassen.
9   Die Tortiglioni 12 Min. in Salzwasser al dente kochen.
10 Abgießen und in einer Pfanne gut mit der Sauce mischen.
11 Auf vier Tellern anrichten, mit Pecorino bestreuen und sofort servieren.

KREATIVE
REZEPTE

BAVETTE MIT MEERBARBE

_4 Pers. _15 Min. 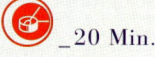_20 Min. _Sommer
(Pasta und Sauce)

350 g Barilla Bavette • 180 g Meerbarbenfilets • 60 ml natives Olivenöl extra • 1 rote Chilischote • 1 Knoblauchzehe • 20 entsteinte schwarze Oliven • 30 g Rosinen • 30 g Pinienkerne • Salz • frisch gemahlener Pfeffer • 2 EL Zitronensaft • 50 g Bottarga aus Thunfischrogen • 1 EL gehackte Petersilie

1. Die Meerbarbenfilets entgräten.
2. Das Olivenöl in einer tiefen Pfanne erhitzen und die Chilischote und die angedrückte Knoblauchzehe 3 Min. bei niedriger Hitze darin andünsten.
3. Herausnehmen, die Fischfilets hineingeben und etwa 1 Min. braten.
4. Oliven, Rosinen und Pinienkerne hinzufügen, anbräunen, salzen und pfeffern.
5. Mit dem Zitronensaft ablöschen.
6. Inzwischen die Bavette 8 Min. in Salzwasser al dente kochen.
7. Abgießen (dabei etwas Kochwasser auffangen) und mit dem Pfanneninhalt vermischen.

Vernaccia di San Gimignano_
Greco di Tufo_

Bottarga ist ein flacher Riegel aus gepresstem, getrocknetem und gesalzenem Fischrogen. Bottarga ist sehr salzig und sollte deshalb in geringen Mengen verwendet und in hauchdünne Scheiben geschnitten werden.

8 Gegebenenfalls etwas Kochwasser hinzufügen und die Petersilie untermischen.
9 Vom Herd nehmen und mit etwas Olivenöl beträufeln.
10 Mit der Bottarga auf vier Tellern anrichten und sofort servieren.

CAPELLINI MIT SEEBARSCH

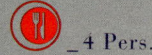 _4 Pers.  _20 Min.  _15 Min.  _Sommer Frühjahr

350 g Barilla Capellini • 100 g Seebarschfilet, gehäutet und fein gewürfelt • 4 EL natives Olivenöl extra • 3 Knoblauchzehen • 4 Sardellenfilets • 1 große Tasse geriebenes Weißbrot • 3 EL geröstete Haselnüsse • 1 Stängel Gewürzfenchel mit Blüten • Salz

1. Das Olivenöl mit der angedrückten Knoblauchzehe und den Sardellenfilets in einer tiefen Pfanne erhitzen.
2. Den Knoblauch 1 Min. bei niedriger Hitze braten und danach herausnehmen.
3. Geriebenes Weißbrot und Nüsse hineingeben und anbräunen.
4. Den Fisch und den gehackten Fenchel hinzufügen und 3 Min. garen.
5. Inzwischen die Capellini 3 Min. in Salzwasser al dente kochen.
6. Abgießen und mit dem Fisch vermengen.
7. Auf vier Tellern anrichten und sofort servieren.

Pouilly Fumé_

Wenn Sie den Geschmack von Fenchel nicht mögen, nehmen Sie stattdessen einfach Zucchini oder Paprikaschote.

CASTELLANE MIT THUNFISCH
und getrockneten Tomaten

 _4 Pers.    _20 Min.    _20 Min.   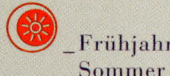 _Frühjahr Sommer

350 g Barilla La Collezione Castellane • 300 g frischer Thunfisch • 5 getrocknete Tomaten • 50 g rote Zwiebeln • 2 Sardellenfilets • 4 EL natives Olivenöl extra • 1 EL Kapern, abgespült und gehackt • ½ Glas Weißwein • 10 Basilikumblätter • 1 Handvoll Paniermehl • Salz • Pfeffer

1 Die Zwiebeln fein schneiden und mit den Sardellen in 3 EL Olivenöl anschwitzen.
2 Den Thunfisch häuten, in kleine Würfel schneiden, zu den Zwiebeln geben und kurz anbraten.
3 Die gehackten getrockneten Tomaten und die Kapern dazugeben.
4 Den Wein angießen, einkochen lassen und die Sauce mit Salz und Pfeffer würzen.
5 Das Basilikum fein schneiden.

Greco di tufo campano_

Vorzüglich schmeckt das Gericht auch, wenn man den Thunfisch durch Schwertfisch oder Heilbutt ersetzt.

6   Das Paniermehl in einer beschichteten Pfanne im restlichen Öl rösten und beiseitestellen.
7   Inzwischen die Castellane 9 Min. in reichlich Salzwasser al dente kochen.
8   Abgießen und mit der Sauce vermengen.
9   Auf vier Tellern anrichten, mit Paniermehl und Basilikum bestreuen und sofort servieren.

MINI FARFALLE
mit Spargel und Rucola

 _4 Pers.    _14 Min.    _10 Min.    _Frühjahr Sommer

350 g Barilla Piccolini Mini Farfalle • 10 Stangen grüner Spargel • 50 g Rucola • 1 kleine Schalotte • 30 ml natives Olivenöl extra • Salz • frisch gemahlener Pfeffer • 50 g Barilla Pesto alla Genovese • 50 g geriebener Parmigiano Reggiano

1. Spargel und Rucola waschen und auf Küchenpapier trocknen lassen.
2. Die harten Enden des Spargels abschneiden und die Stangen in 2 bis 3 cm lange Stücke schneiden.
3. Die Schalotte fein hacken. Das Olivenöl in einer tiefen Pfanne erhitzen.
4. Die Schalotte in der Pfanne bei niedriger Hitze weich dünsten und den Spargel hinzufügen.
5. Mit Salz und Pfeffer würzen und 5 Min. garen.
6. Inzwischen die Farfalle 6 Min. in Salzwasser al dente kochen.
7. Abgießen und zum Spargel geben.

Chardonnay_
Vionnier_
Pinot Noir_

Das ideale Gericht, wenn die Zeit einmal knapp ist! Es ist leicht zuzubereiten und kann auf vielfältige Weise abgewandelt werden.

8 Alles gut vermengen und die Pfanne vom Herd nehmen.
9 Pesto, Rucola und Parmigiano Reggiano untermischen.
10 Auf vier Tellern anrichten und sofort servieren.

FARFALLE
mit Barilla Pesto Rosso und Kalbfleisch

 _4 Pers.   _20 Min.   _10 Min. _Frühjahr Sommer

350 g Barilla Farfalle • 150 g Barilla Pesto Rosso • 30 ml Olivenöl • 1 Zweig Salbei • 1 Knoblauchzehe • 150 g Kalbsgeschnetzeltes • Salz • frisch gemahlener Pfeffer • 30 ml Balsamico di Modena Für selbstgemachtes Pesto Rosso: 60 ml natives Olivenöl extra • 10 g Pinienkerne • 10 g Walnusskerne • 30 g frische Basilikumblätter • 2 EL Tomatenmark • 30 g getrocknete Tomaten • 30 g geriebener Pecorino • 10 ml Balsamico di Modena • Salz • frisch gemahlener Pfeffer

1. Das Olivenöl in einer beschichteten Pfanne erhitzen, Salbeiblättchen und gehackten Knoblauch hinzufügen und anbräunen.
2. Das Fleisch dazugeben, salzen und pfeffern und bei starker Hitze anbräunen.
3. Den Balsamico di Modena angießen und vollständig einkochen lassen.
4. Inzwischen die Farfalle 10 Min. in Salzwasser al dente kochen.
5. Abgießen, mit dem Fleisch vermengen und vom Herd nehmen.
6. Barilla Pesto Rosso oder selbstgemachtes Pesto Rosso untermischen.
7. Auf vier Tellern anrichten und sofort servieren.

Gewürztraminer Alto Adige_
Tocai Friulano_

Sie können statt des Tomatenmarks auch nur getrocknete Tomaten verwenden und dem Pesto mit Minze eine frische Note verleihen. Das Pesto kühl aufbewahren.

Pesto Rosso

1. Das Olivenöl mit Pinien- und Walnusskernen, Basilikum, Tomatenmark, getrockneten Tomaten, Parmesan und Balsamico di Modena in den Mixer geben.
2. Die Zutaten zu einer relativ cremigen Paste pürieren und nach Belieben noch etwas kaltes Wasser zugeben, um die Mischung geschmeidiger zu machen. Mit Salz und Pfeffer abschmecken.

FARFALLESALAT
mit Hähnchenbrust und Balsamico

 _4 Pers.    _15 Min.    _15 Min. (Pasta und Sauce)   _Ganzjährig

350 g Barilla Farfalle • 200 g Hähnchenbrust • 100 ml Balsamico di Modena • 60 ml natives Olivenöl extra • Salz • frisch gemahlener Pfeffer • 1 Zweig Rosmarin • 1 Zweig Thymian • 1 Zweig Salbei • 40 g Pinienkerne • 1 Knoblauchzehe • 100 ml Hühnerbrühe • 100 g Gorgonzola • 1 grüner Apfel (z. B. Granny Smith)

1. In einem Topf 2 EL Olivenöl erhitzen.
2. Die Hähnchenbrust mit Salz und Pfeffer würzen und kräftig im Öl anbraten.
3. Kräuter, Pinienkerne und die angedrückte Knoblauchzehe hinzufügen und 5 Min. mitgaren.
4. Mit Balsamico di Modena ablöschen und vollständig einkochen lassen.
5. Das Fleisch aus dem Topf nehmen. Die Brühe angießen und einkochen lassen.
6. Knoblauchzehe und Kräuter entfernen.
7. Die Sauce im Mixer pürieren und in den Topf zurückgießen.
8. Das abgekühlte Fleisch in dünne Scheiben schneiden.
9. Inzwischen die Farfalle 10 Min. in Salzwasser al dente kochen.
10. Abgießen, auf einen großen Teller geben, mit etwas Olivenöl beträufeln und abkühlen lassen.

Greco di Tufo_
Biancolella_

Sie können den Apfel auch durch eine nicht zu reife festfleischige Birne ersetzen. Am besten eignen sich die Sorten Kaiser Alexander und Conference.

11 Den in feine Streifen geschnittenen Gorgonzola, den in Stifte geschnittenen Apfel, die Sauce und das Fleisch in eine Schüssel geben.
12 Die Pasta und das restliche Olivenöl hinzufügen und alles gut vermengen.
13 Auf vier Tellern anrichten und gut gekühlt servieren.

FARFALLE INTEGRALI
mit Garnelen

 _4 Pers.    _20 Min.   _12 Min.   _Winter

350 g Barilla Farfalle Integrale • 8 Riesengarnelen • 1 schwarze Trüffel (50 g) • 400 g Lauch • 60 ml natives Olivenöl extra • 100 g Kartoffeln • 100 ml Gemüsebrühe • 2 g Safranfäden • Salz • frisch gemahlener Pfeffer • 1 Zweig Thymian

1. Die Trüffel in feine Scheiben und dann in Stifte schneiden.
2. Den Lauch in Ringe schneiden, gründlich waschen und in einer tiefen Pfanne mit Olivenöl weich dünsten.
3. Die Kartoffeln schälen und in kleine Würfel schneiden.
4. Zum Lauch geben, die Brühe angießen, den Safran hinzufügen und weich kochen lassen.
5. Das Ganze im Mixer zu einer relativ cremigen Sauce pürieren.
6. Mit Salz und Pfeffer würzen und beiseitestellen.
7. Die Garnelen schälen, von den Köpfen befreien und in einer beschichteten Pfanne mit dem Thymian in Olivenöl braten, salzen und pfeffern.

Barbaresco_
Gattinara_

Soll das Gericht mehr »Biss« haben, Kartoffeln und Lauch nicht pürieren.

8 Inzwischen die Farfalle 10 Min. in Salzwasser al dente kochen.
9 Abgießen und mit der Sauce vermengen.
10 Auf vier Teller verteilen, die Garnelen darauf anrichten, mit den Trüffelscheiben garnieren und sofort servieren.

FETTUCCINE MIT ENTENRAGOUT
und marinierten Zwiebeln

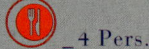 _4 Pers.  _30 Min.   _2 Std. (Pasta und Sauce) 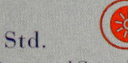 _Herbst Winter

350 g Barilla La Collezione Fettuccine • 4 Entenkeulen • 2 rote Zwiebeln • Salz • frisch gemahlener Pfeffer • 4 EL Balsamico di Modena • 100 g Stangensellerie • 100 g Karotten • 1 Lorbeerblatt • 50 g Pancetta (italienischer Bauchspeck) • 50 g Butter • 50 ml Olivenöl • 500 ml Rotwein • 1 l Hühnerbrühe • 50 g Pinienkerne • 1 Apfel (Renette) • 50 g geriebener Parmigiano Reggiano

1 Den Backofen auf 150 °C (Umluft 130 °C) vorheizen.
2 Die ungeschälten Zwiebeln halbieren, auf das mit Backpapier ausgelegte Backblech legen und 2 Std. im Backofen garen.
3 Die Schalen abziehen und die Hälften jeweils dritteln.
4 In eine Schüssel geben, mit Salz und Pfeffer würzen, 2 EL Balsamico di Modena hinzufügen und marinieren lassen.
5 Sellerie und Karotten fein würfeln und mit dem Lorbeerblatt und dem in Stifte geschnittenen Pancetta in einen kleinen Topf geben.
6 Butter und Olivenöl hinzufügen und das Gemüse weich dünsten.
7 Die Entenkeulen mit Salz und Pfeffer würzen und in den Topf geben.

Barolo Chinato_
Amarone_

Das Gericht eignet sich auch hervorragend, um gebratene Entenreste zu verarbeiten.

8   Kräftig anbraten, den Rotwein und den restlichen Balsamico di Modena angießen und vollständig einkochen lassen.
9   Mit der Brühe bedecken und bei niedriger Hitze garen, bis sich das Fleisch von den Knochen löst.
10 Die Haut abziehen und das Fleisch kleinzupfen.
11 Wieder in die Garflüssigkeit geben und die Pinienkerne hinzufügen.
12 Den Apfel schälen und in Scheiben schneiden.
13 In die Sauce geben und 10 Min. weich garen.
14 Inzwischen die Fettuccine 6 bis 7 Min. in Salzwasser al dente kochen.
15 Abgießen und mit der Sauce und den marinierten Zwiebeln mischen.
16 Auf vier Tellern anrichten, mit Parmigiano Reggiano bestreuen und sofort servieren.

FETTUCCINE MIT HASENRAGOUT

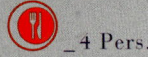 _4 Pers.   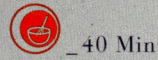 _40 Min.    _50 min    _Winter
(Pasta und Sauce)

350 g Barilla La Collezione Fettuccine • 400 g Hasenfleisch • 300 ml Rotwein • 1 Zimtstange • 5 g geriebene Muskatnuss • 2 Gewürznelken • Salz • frisch gemahlener Pfeffer • 2 fein gewürfelte Zitronenzesten (von eingelegten Zitronen) • 2 fein gewürfelte getrocknete Feigen • 40 g Pinienkerne • 3 rote Zwiebeln • 1 Stück frische Ingwerwurzel • 80 g Butter • 1 Knoblauchzehe • 1 Lorbeerblatt • 1 Zweig Rosmarin • 300 ml Hühnerbrühe • 2 Scheiben Parmaschinken • 40 g geriebener Pecorino

Marinade

Das Fleisch in Stücke schneiden, in eine Schale geben und mit dem Wein bedecken. Gewürze, Zitronenzesten, Feigen, Pinienkerne und 1 kleingeschnittene Zwiebel hinzufügen und 6 bis 8 Std. marinieren lassen. Aus der Marinade nehmen, abtropfen lassen und in kleine Würfel schneiden.

Hasenragout

1. Den Ingwer schälen, in dünne Scheiben und danach in feine Streifen schneiden.
2. In kochendem Wasser blanchieren, abgießen und beiseitestellen.
3. 1 Zwiebel schälen und in feine Streifen schneiden.
4. In einer tiefen Pfanne 50 g Butter erhitzen und den geschälten Knoblauch mit Lorbeerblatt und Zwiebel darin weich dünsten.

Amarone_
Brunello di Montalcino_

Diese süßsaure Sauce ist typisch für die mittelitalienische Küche. Statt Hasenfleisch kann auch Wildschwein verwendet werden.

5 Das abgetropfte Fleisch mit dem Rosmarin hinzufügen und anbräunen.
6 Die Marinade durch ein Sieb seihen und Feigen und Pinienkerne aufheben.
7 Das Fleisch mit einem Teil der Marinade ablöschen und die Flüssigkeit vollständig einkochen lassen.
8 Die Hühnerbrühe angießen, Feigen und Pinienkerne hinzufügen und mit Salz und Pfeffer würzen.
9 Den Schinken fein würfeln, die dritte Zwiebel hacken und beides in der restlichen Butter anbräunen.
10 Das Hasenragout dazugeben.
11 Inzwischen die Fettuccine 6 Min. in Salzwasser al dente kochen.
12 Abgießen und mit dem Ragout vermengen.
13 Auf vier Tellern anrichten, mit Pecorino und Ingwer bestreuen und sofort servieren.

FUSILLI MIT GEMÜSE
und Kräuterpesto

_4 Pers. 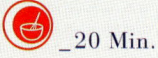_20 Min. 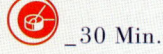_30 Min. _Frühjahr
                                       (Pasta und Sauce)   Sommer

350 g Barilla Fusilli • 1 Aubergine • 1 gelbe Paprikaschote • 1 Zucchini • 1 Scheibe Knollensellerie • 1 Karotte mit Kraut • 50 g Pinienkerne • 50 g getrocknete Feigen • 1 Stängel Basilikum • 3 Stängel Schnittlauch • 1 Stängel Kerbel • 1 Stängel Majoran • 60 ml natives Olivenöl extra • Salz • frisch gemahlener Pfeffer • 1 Knoblauchzehe

1 Den Backofen auf 170 °C (Umluft 150 °C) vorheizen.
2 Die Pinienkerne auf ein Backblech streuen und im Backofen goldbraun rösten.
3 Die Feigen in dünne Scheiben schneiden und zwischen Backpapier legen.
4 In den 70 °C heißen Backofen schieben, bis sie trocken und knusprig sind.
5 Die Kräuter waschen und mit einem Teil der Pinienkerne, 40 ml Olivenöl, Salz und Pfeffer in den Mixer geben.
6 Das Ganze zu einer lockeren Paste pürieren und beiseitestellen.
7 Das Gemüse schälen, waschen und in 3 mm große Würfel schneiden.

Chardonnay_
Pinot Noir_

Um dem Gericht eine pikantere Note zu verleihen, können Sie noch etwas Pecorino hinzufügen.

8   Etwas Öl in einer tiefen Pfanne erhitzen und das Gemüse mit der leicht zerdrückten Knoblauchzehe 15 Min. bei niedriger Hitze garen. Den Knoblauch wieder herausnehmen.
9   Inzwischen die Fusilli 11 Min. in Salzwasser al dente kochen.
10 Abgießen und mit dem Gemüse vermengen.
11 Auf vier Tellern anrichten, mit dem Pesto überziehen, mit Pinienkernen und Feigen bestreuen und sofort servieren.

FUSILLI MIT SCHAFSKÄSE,
Birne und Minze

_4 Pers. _15 Min. _10 Min. ☀_Frühjahr Sommer

350 g Barilla Fusilli • 300 g sardischer Pecorino • 1 Williamsbirne • 3 frische Minzeblätter • 100 ml Milch • 1 TL Majoran • 1 TL Thymian • 2 Eigelb • 1 EL Zitronensaft • 100 ml Mineralwasser • Salz • frisch gemahlener Pfeffer • 1 TL abgeriebene Zitronenschale

1. Die Birne waschen, schälen und in feine Streifen schneiden.
2. Die Milch mit Majoran und Thymian aufkochen.
3. Den geriebenen Käse einrühren, den Topf vom Herd nehmen und den Käse schmelzen lassen.
4. Die Eigelbe mit Zitronensaft und Mineralwasser kräftig verquirlen, salzen und pfeffern.
5. Inzwischen die Fusilli 11 Min. in Salzwasser al dente kochen.
6. Abgießen und mit der Käsesauce mischen.
7. Vom Herd nehmen und Eigelb, Zitronenschale, Minze und Birne untermengen.
8. Auf vier Tellern anrichten und sofort servieren.

Chianti Classico_
Sauvignon Blanc_
Pinot Noir_

Das Gericht ist eine aromatischere Variante der Carbonara. Die Sauce sollte cremig und nicht flüssig sein. Die Pasta muss sehr heiß sein, wenn sie mit der Sauce gemischt wird.

GEMELLI MIT KÄSE
und Pfifferlingen

 _4 Pers.    _20 Min.    _12 Min.    _Herbst Winter

350 g Barilla Gemelli • 150 g geriebener Fontina (Rohmilchkäse aus dem Aostatal) • 150 g Ziegenfrischkäse • 150 g Pfifferlinge • 150 g Sahne • 300 ml frische Milch • 70 g Butter • 1 schwarze Trüffel • 1 Knoblauchzehe • 1 Stängel glatte Petersilie • Salz • frisch gemahlener Pfeffer

1. Die Pfifferlinge vorsichtig unter fließend kaltem Wasser gründlich säubern und auf Küchenpapier trocknen lassen.
2. Sahne und Milch in einem kleinen Topf zum Kochen bringen.
3. Den Topf vom Herd nehmen und den Käse einrühren.
4. Die Mischung mit 50 g Butter im Mixer zu einer cremigen Sauce verrühren.
5. Die restliche Butter in einer Pfanne erhitzen und die leicht angedrückte Knoblauchzehe darin anbräunen.
6. Die kleingeschnittenen Pilze hinzufügen, mit Salz und Pfeffer würzen und kräftig anbraten. Die Knoblauchzehe anschließend entfernen.
7. Die Gemelli 10 Min. in Salzwasser al dente kochen.

Gattinara_
Barolo di Montefalco_

Statt mit Trüffel kann das Gericht auch mit Vanilleextrakt aromatisiert werden.

8 Abgießen und mit der Sauce und den Pilzen mischen.
9 Auf vier Tellern anrichten, mit Trüffelspänen und der fein geschnittenen Petersilie bestreuen und sofort servieren.

GEMELLI MIT KÜRBIS
und Südtiroler Speck

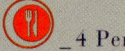 _4 Pers.    _20 Min.    _15 Min.   _Herbst

350 g Barilla Gemelli • 100 g Südtiroler Speck in Scheiben • 300 g Kürbisfleisch • 30 g weiße Zwiebeln • 40 ml natives Olivenöl extra • 1½ Zimtstangen • Salz • frisch gemahlener Pfeffer • 20 ml Balsamico di Modena • 40 g geriebener Parmigiano Reggiano

1 Den Speck in Stifte schneiden und beiseitestellen.
2 Das Kürbisfleisch fein würfeln.
3 Die Zwiebeln schälen und in feine Streifen schneiden.
4 Das Olivenöl mit dem Zimt erhitzen und die Zwiebeln darin weich dünsten.
5 Den Speck dazugeben und 2 Min. mitgaren.
6 Den Kürbis hinzufügen, salzen, pfeffern und anbräunen.
7 Inzwischen die Gemelli 10 Min. in Salzwasser al dente kochen.
8 Abgießen, zur Sauce geben und alles nochmals 2 Min. braten.
9 Auf vier Tellern anrichten, mit Parmigiano Reggiano bestreuen, mit Balsamico di Modena beträufeln und sofort servieren.

Barbera_

Südtiroler Speck zeichnet sich durch ein angenehm mildes Räucheraroma aus. Im Winter kann das Gericht noch mit Esskastanien und im Herbst mit Steinpilzen und Rosmarin angereichert werden.

GIRANDOLE MIT OKTOPUS

_4 Pers.   _20 Min.   _60 Min.   _Sommer

350 g Barilla Girandole • 500 g küchenfertiger Oktopus, tiefgekühlt • 300 g reife Tomaten • 5 EL natives Olivenöl extra • 1 Knoblauchzehe • 1 Chilischote • etwas Weißwein • Schale von ½ Orange und ½ Zitrone • 1 Kartoffel • Salz • 1 Handvoll frische Petersilie

1 Den Oktopus auftauen und kleinschneiden.
2 Die Tomaten an der Unterseite kreuzweise einschneiden, mit heißem Wasser überbrühen, einige Minuten stehen lassen, häuten und kleinschneiden.
3 Den gehackten Knoblauch und die fein geschnittene Chilischote in 3 EL Öl anbräunen.
4 Oktopus und Wein hinzufügen und den Wein vollständig verdunsten lassen.
5 Tomaten und Zitrusschalen dazugeben, den Deckel auflegen und den Oktopus 1 Std. bei geringer Hitze weich garen. Ist er danach noch nicht weich, noch etwas Wasser angießen und noch einige Zeit köcheln lassen. Zum Schluss mit Salz abschmecken.
6 Die Kartoffel schälen und in kleine Würfel schneiden.

Fiano di Avellino_

Weitaus schneller geht es, wenn Sie den Oktopus im Schnellkochtopf garen. Dazu den Oktopus wie in Schritt 1 bis 5 beschrieben vorbereiten und etwa 15 Min. im luftdicht verschlossenen Dampfkochtopf garen.

7 Die Girandole 6 Min. in Salzwasser al dente kochen. Nach der Hälfte der Kochzeit die Kartoffel dazugeben.
8 Pasta und Kartoffel abgießen, mit der Sauce vermengen.
9 Auf vier Tellern anrichten, mit der gehackten Petersilie bestreuen, mit etwas Olivenöl beträufeln und sofort servieren.

ORECCHIETTE MIT CALAMARI
und Erbsen

 _4 Pers.  _30 Min. _15 Min. _Frühjahr

350 g Barilla La Collezione Orecchiette • 250 g frische küchenfertige Calamari (kleine Tintenfische) • 80 g Erbsen • 2 Knoblauchzehen • 200 ml Milch • 30 g Sardellen in Salzlake • 5 EL natives Olivenöl extra • Salz • weißer Pfeffer • Schnittlauch

1. Den Knoblauch schälen und gegebenenfalls die Keime entfernen. Etwa 20 Min. in der Milch kochen, abgießen (die Milch dabei auffangen) und in einer Tonschale mit einer Gabel zerdrücken.
2. Die Sardellen abspülen, entgräten, im Mixer pürieren und mit Knoblauch und Olivenöl vermengen. Die Milch hinzufügen und die Sauce einige Minuten bei mittlerer Hitze kochen lassen, bis sie etwas eindickt. Dabei laufend mit einem Holzkochlöffel rühren.
3. Die Calamari waschen, in Streifen schneiden und einige Minuten in einer Pfanne anbraten. Mit etwas frisch gemahlenem weißem Pfeffer und gegebenenfalls etwas Salz würzen.

Chardonnay de Toscane_
Biancolella_

Noch raffinierter wird das Gericht, wenn man die Erbsen als Püree zubereitet (Sie benötigen dafür etwas mehr Erbsen) und die Pasta mit den Calamari darauf anrichtet.

4   Die Erbsen in leicht gesalzenem Wasser blanchieren.
5   Inzwischen die Pasta 12 Min. in reichlich Salzwasser al dente kochen.
6   Abgießen, mit der Sauce, den Calamari und den Erbsen vermengen.
7   Auf vier Tellern anrichten, mit Schnittlauchröllchen bestreuen und sofort servieren.

MINI PENNE-SALAT
mit Thunfisch und Mozzarella

 _4 Pers.  _20 Min.  _10 Min.  _Sommer

350 g Barilla Piccolini Mini Penne Rigate • 200 g Thunfisch in Olivenöl • 150 g Mozzarella • 1 Stängel Basilikum • 2 hartgekochte Eier • 2 Zucchini • 5 getrocknete Tomaten • 30 g Kapern in Salzlake • 100 ml natives Olivenöl extra • 2 EL Zitronensaft • Salz • frisch gemahlener Pfeffer

1. Das Basilikum waschen und in feine Streifen schneiden.
2. Die Eier fein hacken.
3. Die Zucchini waschen und der Länge nach in dünne Streifen hobeln.
4. Die Kapern fein hacken und die Mozzarella fein würfeln.
5. Die Tomaten in 1 cm große Würfel schneiden.
6. Tomaten, Kapern, Zucchini, Mozzarella und den kleingezupften Thunfisch in eine Schüssel füllen.
7. Inzwischen die Penne 6 Min. in Salzwasser al dente kochen.
8. Abgießen und zum Abkühlen auf einer Platte ausbreiten.

Vermentino di Gallura_

Italienische Pastasalate können nach Lust und Laune abgewandelt werden. Lassen Sie also Ihrer Phantasie freien Lauf!

9 Die Penne zu den übrigen Zutaten geben und den Salat gut durchmischen.
10 Zum Schluss mit Olivenöl und Zitronensaft anmachen, mit Salz und Pfeffer abschmecken und mit den gehackten Eiern und dem Basilikum bestreuen.
11 Auf vier Tellern anrichten und sofort servieren.

KALTE GEMÜSESUPPE
mit Mini Penne

_4 Pers. _30 Min. _10 Min. _Sommer

80 g Barilla Piccolini Mini Penne Rigate • 500 g reife Tomaten • 1 Karotte • 100 g Salatgurke • ½ Knoblauchzehe • 500 g rote Paprikaschoten • 16 Basilikumblätter • 30 g Rucola • 1 Zweig Oregano • 100 ml Orangensaft • 30 ml natives Olivenöl extra • Salz • frisch gemahlener Pfeffer • 1 kleine rote Chilischote **Für die Granita:** 300 g Gelbe Honigmelone • 300 ml Mineralwasser • 3 EL Honig

1. Das Melonenfruchtfleisch im Mixer mit Mineralwasser und Honig pürieren.
2. In eine Schale füllen und 2 Std. ins Gefrierfach stellen.
3. Die Tomaten kreuzweise einschneiden, mit heißem Wasser überbrühen, kurz stehen lassen und häuten. Karotte, Gurke und Knoblauch schälen und in grobe Stücke schneiden. Einige Gurkenscheiben zur Seite legen.
4. Die Paprikaschoten halbieren, die Kerne entfernen und das Fruchtfleisch in grobe Stücke schneiden.
5. Das Gemüse mit den Kräutern im Mixer fein pürieren. Einige Rucola- und Basilikumblätter beiseitelegen.
6. Das Püree mit dem Orangensaft in einem Topf aufkochen.
7. Vom Herd nehmen und abkühlen lassen.
8. Das Olivenöl einrühren und mit Salz und Pfeffer würzen.
9. Die Penne 6 Min. in Salzwasser al dente kochen.
10. Abgießen, auf einer Platte verteilen, mit etwas Olivenöl beträufeln und abkühlen lassen.
11. Die Suppe in vier tiefe Teller füllen und die Pasta in der Mitte anrichten.
12. Mit etwas Olivenöl beträufeln, die restlichen Gurkenscheiben, Basilikum- und Rucolablätter darauf verteilen, mit Chiliringen garnieren und servieren.
13. Die Granita getrennt dazu reichen.

Sauvignon_
Traminer_

Dieses Gericht eignet sich hervorragend für eine sommerliche Gartenparty.

PENNE
mit Barilla Ricotta Sauce

 _4 Pers.    _20 Min.    _10 Min.    _Frühjahr Sommer

350 g Barilla Penne Rigate • 200 g Barilla Ricotta Sauce • 20 ml natives Olivenöl extra • 1 Knoblauchzehe • 150 g Zucchini • Salz • frisch gemahlener Pfeffer • 1 Stängel glatte Petersilie

1. Das Olivenöl in einer beschichteten Pfanne erhitzen und den durch eine Presse gedrückten Knoblauch darin anbräunen.
2. Die in dünne Scheiben geschnittenen Zucchini dazugeben, mit Salz und Pfeffer würzen und leicht anbräunen.
3. Die Barilla Ricotta Sauce hinzufügen und aufkochen lassen.
4. Inzwischen die Penne 11 Min. in Salzwasser al dente kochen.
5. Abgießen und mit dem Pfanneninhalt vermischen.
6. Vom Herd nehmen und die fein gehackte Petersilie untermengen.
7. Auf vier Tellern anrichten und sofort servieren.

Ein ligurischer Weißwein_

Die Ricotta-Sauce können Sie auch selbst herstellen. Dazu einfach eine Tomatensauce in einem Topf mit Ricotta aus Kuh- oder Schafsmilch erhitzen.

PENNETTE INTEGRALI
mit Radicchio

 _4 Pers.   _20 Min.   _30 Min. (Pasta und Sauce)   _Herbst Winter

350 g Barilla Integrale Vollkorn Pennette Rigate • 100 g Radicchio • 30 g Butter • 1 Knoblauchzehe • 2 Sardellenfilets • 50 g grob gehackte Walnusskerne • Salz • frisch gemahlener Pfeffer • 200 g Sahne • 50 g geriebener Parmigiano Reggiano

1. Die Butter in einer tiefen Pfanne erhitzen und die leicht zerdrückte Knoblauchzehe mit den Sardellenfilets darin weich dünsten.
2. Den in feine Streifen geschnittenen Radicchio und die Nüsse hinzufügen und etwa 5 Min. dünsten.
3. Mit Salz und Pfeffer würzen, die Sahne angießen und die Sauce einkochen lassen.
4. Inzwischen die Pennette etwa 7 Min. in Salzwasser al dente kochen.
5. Abgießen und 2 Min. in der Sauce fertig garen.
6. Vom Herd nehmen und den Parmigiano Reggiano hinzufügen.
7. Auf vier Tellern anrichten und sofort servieren.

Ein sizilianischer Inzolia_

KREATIVE REZEPTE

Der Radicchio kann auch durch Chicorée oder Rucola ersetzt werden. Rucola darf allerdings nicht mitgekocht werden, man sollte ihn erst in letzter Minute hinzufügen.

PENNETTE INTEGRALI
mit Venusmuscheln und Aubergine

 _4 Pers.   _20 Min. _30 Min. _Sommer
(Pasta und Sauce)

350 g Barilla Integrale Vollkorn Pennette Rigate • 400 g Venusmuscheln • 1 Aubergine • 60 ml natives Olivenöl extra • 1 Knoblauchzehe • 1 Schalotte • 1 Stängel Majoran • Salz • frisch gemahlener Pfeffer • 1 reife Tomate • 100 ml Weißwein • 50 g geriebener Ricotta secca

1. Die Aubergine waschen und fein würfeln.
2. Das Olivenöl in einer tiefen Pfanne erhitzen und die angedrückte Knoblauchzehe mit der fein gehackten Schalotte bei niedriger Hitze darin weich dünsten.
3. Aubergine und Majoran hinzufügen, salzen, pfeffern und leicht anbräunen.
4. Die Muscheln, das fein gewürfelte Tomatenfruchtfleisch und den Wein hinzufügen.
5. Zugedeckt bei starker Hitze kochen, bis sich die Muscheln geöffnet haben.
6. Inzwischen die Pennette 8 Min. in Salzwasser al dente kochen.
7. Abgießen und 1 Min. in der Sauce fertig garen.
8. Sobald die Sauce eingekocht und die Pasta al dente ist, Knoblauchzehe und Majoran entfernen.
9. Auf vier Tellern anrichten, mit Ricotta bestreuen und sofort servieren.

Verdicchio_
Vernaccia_
Chardonnay_

Sie können die Sauce noch mit Miesmuscheln, kleinen Garnelen und Tintenfischen anreichern. Der Ricotta secca kann auch durch einen sehr trockenen Pecorino ersetzt werden.

PIPE INTEGRALI
mit Blumenkohl und Salsiccia

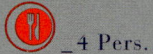 _4 Pers.  _20 Min. 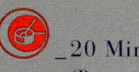 _20 Min. (Pasta und Sauce)  _Winter

350 g Barilla Integrale Vollkorn Pipe Rigate • 500 g Blumenkohl • 1 frische Salsiccia (grobe italienische Bratwurst) • 60 ml natives Olivenöl extra • 1 Knoblauchzehe • 1 rote Chilischote • 100 ml Rotwein • 1 kleine rote Zwiebel • Salz • 50 g geriebener Pecorino

1. Den Blumenkohl waschen und in kleine Röschen zerteilen.
2. Das Olivenöl in einem Topf erhitzen, Blumenkohl, den fein gehackten Knoblauch und die Chilischote hineingeben und bei niedriger Hitze weich garen.
3. Mit Salz und Pfeffer würzen und mit der Hälfte des Weins ablöschen.
4. 15 Min. zugedeckt kochen lassen, bis der Blumenkohl zerfallen ist.
5. Das Wurstbrät in einer beschichteten Pfanne anbräunen.
6. Die Zwiebel schälen und fein hacken.
7. Zum Wurstbrät geben, den restlichen Wein angießen und vollständig einkochen lassen.

Lambrusco_
Barbera_
Dolcetto_

Die Wurst durch Tintenfisch und den Rotwein durch Weißwein ersetzen – und schon haben Sie eine maritime Variante.

8   Wurstbrät und Blumenkohl vermengen. Die Chilischote entfernen.
9   Inzwischen die Pipe 10 Min. in Salzwasser al dente kochen.
10 Abgießen und mit der Sauce vermengen.
11 Auf vier Tellern anrichten, mit dem Käse bestreuen und sofort servieren.

KREATIVE REZEPTE | 116

PIPE INTEGRALI MIT SCAMPI

 _4 Pers.    _15 Min.    _15 Min.   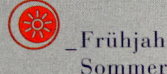 _Frühjahr Sommer

350 g Barilla Integrale Vollkorn Pipe Rigate • 8 frische Scampi • 2 reife Tomaten • 60 ml natives Olivenöl extra • einige Salbeiblätter • Salz • frisch gemahlener Pfeffer • 200 g gekochte weiße Bohnen • 50 g gehobelter Pecorino

1 Die Scampi von den Köpfen befreien und schälen.
2 Die Tomaten an der Unterseite kreuzweise einschneiden, mit heißem Wasser überbrühen, einige Minuten stehen lassen, häuten, entkernen und das Fruchtfleisch fein würfeln.
3 Das Olivenöl in einer tiefen Pfanne erhitzen. Salbei und Scampi hinzufügen, salzen, pfeffern und 3 Min. anbräunen. Scampi aus der Pfanne nehmen und warmhalten.
4 Bohnen und Tomaten in die Pfanne geben und gut umrühren.
5 Inzwischen die Pipe 7 Min. in Salzwasser al dente kochen.
6 Abgießen und 3 Min. in der Sauce fertig garen.
7 Auf vier Teller verteilen und die Scampi darauf anrichten.
8 Mit etwas Olivenöl beträufeln, mit dem Pecorino bestreuen, mit Pfeffer übermahlen und sofort servieren.

Pinot Noir_
Sauvignon_

Statt frischer oder getrockneter Bohnenkerne können Sie auch weiße Bohnen aus dem Glas nehmen.

SPAGHETTI INTEGRALI
mit Garnelen und Zucchini

 _4 Pers.    _20 Min.   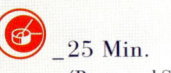 _25 Min.
(Pasta und Sauce)    _Frühjahr Sommer

350 g Barilla Integrale Vollkorn Spaghetti • 200 g Riesengarnelen • 2 Zucchini mit Blüten • 2 kleine Artischocken • etwas Zitronensaft • 10 frische Zwiebeln oder Frühlingszwiebeln • 10 reife Kirschtomaten • 60 ml natives Olivenöl extra • 1 Knoblauchzehe • 1 Zweig Thymian • Salz • frisch gemahlener Pfeffer • 100 g frischer Schafsmilchricotta • 1 TL gehackte Petersilie

1 Die harten äußeren Blätter der Artischocken entfernen.
2 Die Artischocken in kaltes Zitronenwasser legen.
3 Zwiebeln und Zucchini waschen und auf Küchenpapier trocknen lassen.
4 Die Frühlingszwiebeln der Länge nach halbieren, die Zucchiniblüten abschneiden und die Zucchini der Länge nach vierteln.
5 Die Artischocken vierteln, die Tomaten halbieren.
6 Das Olivenöl mit dem zerdrückten Knoblauch und dem Thymianzweig in einer tiefen Pfanne erhitzen, die Garnelen hinzufügen, salzen, pfeffern und anbräunen.
7 Das vorbereitete Gemüse samt der Zucchiniblüten sowie Ricotta dazugeben und die Sauce einkochen lassen.
8 Die Spaghetti 4 Min. in Salzwasser al dente kochen.
9 Abgießen, mit Gemüse und Garnelen mischen und weitere 4 Min. garen.
10 Die gehackte Petersilie untermischen.
11 Auf vier Tellern anrichten und sofort servieren.

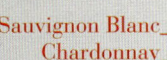
Sauvignon Blanc_
Chardonnay_

Beim Gemüse sind Ihrer
Phantasie keine Grenzen
gesetzt: Nehmen Sie
einfach, was das saisonale
Angebot gerade bereithält.

SPAGHETTONI MIT GARNELEN
und Barilla Pesto alla Genovese

_4 Pers. _20 Min. _10 Min. (Pasta und Sauce) _Frühjahr Sommer

350 g Barilla Spaghettoni • 300 g Garnelen • 150 g Barilla Pesto alla Genovese • 1 Zweig Thymian • ½ Knoblauchzehe • Salz • frisch gemahlener Pfeffer • 40 g geriebener Pecorino • 30 g Walnusskerne Für selbstgemachtes Pesto alla Genovese: 100 ml natives Olivenöl extra • 80 g Basilikumblätter • 40 g geriebener Pecorino • ½ Knoblauchzehe

1. Die Garnelen mit dem Thymian und der angedrückten Knoblauchzehe in eine beschichtete Pfanne geben, mit Salz und Pfeffer würzen und etwa 2 Min. anbraten.
2. Inzwischen die Spaghettoni 11 Min. in Salzwasser al dente kochen.
3. Verwenden Sie Barilla Pesto alla Genovese. Für selbstgemachtes Pesto alla Genovese die Pestozutaten im Mixer zu einer cremigen Paste verrühren. Dabei darauf achten, dass das Pesto nicht zu stark erhitzt wird. In ein Schälchen füllen und kalt stellen.
4. Die Pasta abgießen und dabei etwas Kochwasser auffangen.
5. Mit den Garnelen vermengen und vom Herd nehmen.
6. Thymian und Knoblauch entfernen.
7. Das Pesto untermengen und nach Belieben etwas Kochwasser hinzufügen, um die Mischung geschmeidiger zu machen.
6. Auf vier Tellern anrichten, mit Pecorino bestreuen, mit Walnusskernen garnieren und sofort servieren.

Ein Vermentino aus Ligurien_

Pesto ist eine kalte Sauce, die im Handumdrehen zubereitet ist. Anstelle von Basilikum eignen sich auch Rucola, frische Küchenkräuter oder junger Spinat. Das Pesto kann außerdem noch mit Walnusskernen, Pinienkernen, Haselnüssen oder Erdnüssen angereichert werden.

SPAGHETTONI
mit gegrilltem Gemüse

_4 Pers. _20 Min. _30 Min. _Sommer
(Pasta und Sauce)

350 g Barilla Spaghettoni • 2 Auberginen • 2 Zucchini • je 2 rote und gelbe Paprikaschoten • 50 ml natives Olivenöl extra • Salz • frisch gemahlener Pfeffer • 1 EL gehackte Petersilie • 1 Zweig Rosmarin • 2 Lorbeerblätter • 1 Bund Basilikum • 1 Knoblauchzehe • 30 g Bottarga

1. Das Gemüse waschen und mit Küchenpapier trockentupfen.
2. Auberginen und Zucchini in Scheiben schneiden. Die Paprikaschoten von den Kernen befreien und in Streifen schneiden.
3. Das Gemüse auf einem Blech verteilen und im vorgeheizten Backofen bei 220 °C etwa 5 bis 7 Min. grillen.
4. Abkühlen lassen, mit etwas Olivenöl beträufeln und mit Salz und Pfeffer würzen.
5. Mit Petersilie, fein gehacktem Rosmarin und Lorbeerblättern vermengen und 30 Min. durchziehen lassen.
6. Das Basilikum mit Knoblauch und 2 EL Olivenöl im Mörser zu einer relativ flüssigen Paste zermahlen.

Vermentino di Gallura_

Die Bottarga nur sparsam verwenden, denn sie ist sehr salzig. Im Sommer isst man Pasta in Italien gerne als kalten oder lauwarmen Salat. Dabei sind der Phantasie bei der Auswahl der Zutaten keine Grenzen gesetzt.

7 Inzwischen die Spaghettoni 11 Min. in Salzwasser al dente kochen.
8 Abgießen und in eine Schüssel füllen.
9 Pesto und Gemüse dazugeben und alles gut durchmischen.
10 Auf vier Tellern anrichten, mit hauchdünnen Bottargascheiben garnieren und sofort servieren.

Register

PASTA

Bavette   22, 74
Cannelloni   24
Capellini   26, 76
Castellane   28, 78
Mini Conchiglie Rigate   30
Mini Farfalle   32, 80
Farfalle   82, 84, 86
Fettuccine   88, 90
Fusilli   92, 94
Gemelli   96, 98
Girandole   34, 100
Lasagne   36, 38
Orecchiette   40, 102
Mini Penne   104, 106
Penne   42, 44, 46, 108
Pennette   110, 112
Pipe   114, 116
Spaghetti   48, 50, 52, 118
Spaghettoni   54, 56, 120, 122
Tagliatelle   58, 60, 62, 64
Tortiglioni   66, 68, 70

ZUTATEN

Apfel 84, 88
Artischocken 118
Auberginen 68, 92, 112, 120
Avocado 40
Balsamico di Modena 82, 84, 88, 89
Basilikum 22, 30, 70, 82, 106, 120
Birne 94
Blumenkohl 114
Bohnen, grüne 22
Bohnen, weiße 32, 116
Borlotti-Bohnen 30
Bottarga 74, 122
Bratwurst 114
Brokkoli 40
Calamari 102
Champignons 36
Chilischote 40, 44, 48, 74, 106, 100, 114
Ei 50, 104
Emmentaler 42
Ente 88
Erbsen 36, 38, 102
Feigen, getrocknete 90, 92
Fenchel 76
Fontina 96
Frühlingszwiebeln 40, 118
Garnelen 52, 120
Gorgonzola 34, 42, 84
Hähnchenbrust 84
Hase 90
Haselnüsse 76
Honig 106

Kabeljau 28, 52
Kalbfleisch 82
Kalmare 102
Kaninchen 62, 70
Karotten 30, 38, 58, 62, 88, 92, 106
Kartoffeln 22, 30, 86
Kirschtomaten 38, 40, 70, 118
Knollensellerie 92
Kochschinken 36
Kürbis 98
Lammfleisch 56
Lauch 30, 86
Limette 40
Mangold 30
Meerbarbe 74
Melone 106
Minze 94
Mozzarella 104
Muscheln 52
Oktopus 100
Oliven, schwarze 28, 70, 74
Pancetta 30, 50, 58, 66, 88
Paprikaschote 38, 56, 92, 106, 122
Parmaschinken 32, 90
Parmigiano Reggiano 22, 24, 36, 42, 50, 54, 56, 64, 80, 88, 98, 110
Pecorino 22, 42, 46, 50, 54, 66, 70, 82, 90, 94, 114, 116, 120
Pecorino, junger 46
Pesto Rosso 82
Pesto alla Genovese 15, 22, 30, 80, 120
Petersilie 100
Pfifferlinge 58, 96
Pinienkerne 22, 74, 82, 84, 88, 90, 92
Radicchio 110

Räucherlachs 26
Ricotta 24, 68, 112, 118
Riesengarnelen 86, 118
Rindfleisch 58
Rosinen 74
Rucola 46, 80, 106
Safran 54, 86
Salatgurke 106
Salsiccia 114
Sardellen 22, 40, 48, 76, 102, 110
Scampi 116
Schweinefleisch 58
Seebarsch 76
Spargel 28, 38, 80
Speck, Südtiroler 98
Spinat 24
Stangensellerie 30, 32, 58, 62, 88
Steinpilze 62, 64
Thunfisch 104
Thunfisch, frischer 78
Tomaten 15, 28, 30, 32, 44, 52, 68, 82, 100, 104, 106, 112, 116
Tomaten, getrocknete 70, 78
Trüffel, schwarze 86, 96
Trüffel, weiße 34
Vanille 36
Venusmuscheln 112
Walnüsse 34, 60, 82, 110, 120
Wodka 26
Ziegenkäse 96
Zimt 98
Zitrone 74, 94, 100, 104
Zucchini 38, 56, 92, 104, 108, 118, 122
Zwiebel 58, 62, 88, 98, 118

Register

NACH KOCHZEITEN

BIS 15 MINUTEN

Bavette mit Pesto alla Genovese und Sardellenfilets   22
Capellini mit Lachs   26
Girandole mit Gorgonzola, Walnüssen und weißen Trüffeln   34
Penne all'Arrabbiata   44
Penne mit Rucola und Schafskäse   46
Penne ai Quattro Formaggi   42
Spaghetti Aglio e Olio mit Chili   48
Spaghetti alla Carbonara   50
Spaghetti Integrali mit Meeresfrüchten   52
Spaghettoni Cacio e Pepe (mit frischen Kräutern)   54
Tagliatelle alla Piemontese (mit Knoblauch und Walnüssen)   60
Tagliatelle mit Steinpilzen   64
Tortiglioni all'Amatriciana   66
Tortiglioni alla Siciliana   68
Capellini mit Seebarsch   76
Mini Farfalle mit Spargel und Rucola   80
Farfalle mit Barilla Pesto Rosso und Kalbfleisch   82

Farfallesalat mit Hähnchenbrust und
    Balsamico   84
Farfalle Integrali mit Garnelen   86
Fusilli mit Schafskäse, Birne und Minze   94
Gemelli mit Käse und Pfifferlingen   96
Gemelli mit Kürbis und Südtiroler Speck   98
Orecchiette mit Calamari und Erbsen   102
Mini Penne-Salat mit Thunfisch und
    Mozzarella   104
Kalte Gemüsesuppe mit Mini Penne   106
Penne mit Barilla Ricotta Sauce   108
Pipe Integrali mit Scampi   116
Spaghettoni mit Garnelen und Barilla Pesto
    alla Genovese   120

16 BIS 30 MINUTEN
—

Castellane mit Kabeljau   28
Minestrone mit Mini Conchiglie Rigate   30
Orecchiette mit Brokkoli und Kirsch-
    tomaten   40
Spaghettoni mit Sommergemüse   56
Bavette mit Meerbarbe   74
Castellane mit Thunfisch und getrockneten
    Tomaten   78

Fusilli mit Gemüse und Kräuterpesto   92
Pennette Integrali mit Radicchio   110
Pennette Integrali mit Venusmuscheln
    und Aubergine   112
Pipe Integrali mit Blumenkohl und
    Salsiccia   114
Spaghetti Integrali mit Garnelen und
    Zucchini   118
Spaghettoni mit gegrilltem Gemüse   122

30 MINUTEN UND LÄNGER
—

Cannelloni mit Ricotta-Spinat-Füllung   24
Mini Farfalle-Suppe mit weißen Bohnen   32
Lasagne mit Kochschinken und
    Champignons   36
Gemüselasagne   38
Tagliatelle alla Bolognese mit Pfifferlingen   58
Tagliatelle mit Kaninchen und Steinpilzen   62
Tortiglioni mit Kaninchen, getrockneten
    Tomaten und Oliven   70
Fettuccine mit Entenragout und
    marinierten Zwiebeln   88
Fettuccine mit Hasenragout   90
Girandole mit Oktopus   100

Wir danken:
Daniel Alcabas, Francesco Pagano (und seiner Mutter), Emanuele Carando,
Diego Fumagalli, Marina Vivian, Filippo Cossalter, Géraldine Fiacre,
Sébastien Defrance, Patricia Perez, Courtial Marine, Sophie Deby,
Guillaume Rozoy, Bastien Lourenço, Clarisse Duchemin, Andrea Alfieri,
Joël Issadjy, Xavier Chateauraynaud, Julie Schatz, Patrick Levasseur,
Anne-Lise Mazières, Pascal Perchet, Raphaëlle Brosset, Magali Robin,
Hervé Laforet, Françoise Tonone, Christelle Charollais, Baptiste Naegelen,
Thomas Cottar, Hervé Lamy, Morgane Mariage, Ilaria Maggiali,
Ortensia Mereu, Vincent Monnot und dem ganzen Barilla-Frankreich-Team.
Ein besonderer Dank für die deutsche Fassung des Buches geht an
Emilio Gagliostro, Ronja Fulland und das ganze Barilla-Deutschland-Team.

Die französischsprachige Originalausgabe ist 2008
unter dem Titel »Pasta Party« erschienen.
© 2008 LEC
Rezepte und Styling: Francesco Berardinelli
mit Unterstützung von Roberto Bassi
Fotos: Thomas Duval
Layout: Soins Graphiques

Für die deutsche Ausgabe:
© 2010 Verlagshaus Jacoby & Stuart GmbH, Berlin
Alle Rechte vorbehalten
Aus dem Französischen von Barbara Holle
Satz: typocepta, Köln
Printed in Italy

978-3-941087-40-8

www.jacobystuart.de